元書記官が説く再生への道

# 個人破産の実務

髙井昌一郎　著

# まえがき

裁判所を退職してからはや五年、かつての職場や上司同僚の記憶は次第に薄れつつあります。培った知識、経験も活用されないまま無に帰するとしたら自分の存在価値はどうなるのだろうかと焦りを感じてきました。そこに新型コロナウイルス感染症が流行して感染拡大の防止のため外出自粛を強いられて書きものをする時間ができました。当初は専門的な論文を書き遺したいと思いましたが、書き進めるうちにより多くの人に読んで役立ててもらえるように実用書として書籍化しようと考えるようになりました。そうして完成したのが本書です。

一般に倒産手続は複雑で理解し難いと思われがちです。私は、裁判所書記官という裁判手続が適正に行われたことを公証する立場にあった者として倒産手続をどなたにも分かり易く説明できないものかと考え執筆しました。既に倒産手続について解説する書物は多い中この本は裁判官検察官弁護士の法曹三者以外の者が書いたという意味で他の本にない特色を持っているのではないかと思います。

この本を手にしてくださったあなたは、倒産手続に関与する実務家またはそのような実務家を目指している方でしょうか。公務員として倒産手続に関与されている方でしょうか。金融関係の方かも知れませんね。あるいは取引先が倒産をして裁判所から通知を受けた方でしょうか。それとも廃業や起業を考えている方でしょうか。債務整理をしたいがどのようなデメリットがあるのか知っておこうと思って、弁護士や司法書士の下を訪ねる前にこの本を手にされておられるのかもしれません。例えば、いわゆるグレーゾーン金利に関する過払い金があるかどうかを知るために取引履歴を取り寄せたら支払に不安のある者と見做《みな》されて、クレジットカードの利用ができなくなるのではないかなどの不安はありませんか。倒産手続に入ると、住宅を立退きその他の財産についても手元に置くことができないのではないかと心配をされているかもしれません。また勤務先に倒産手続をしていることを知られ働くことが困難になるのではないかとか戸籍に倒産したことが記載され、選挙権などの権利に制限を受けるのではないかと思われる方もいるかもしれません。私は、これからの時代は何事も自己決定が重要視されるため一般の方にも倒産実務に関して正確な知識を持っていただくことが必要だと考えます。この本には本編以外に付録を付けて読者の疑問に手当てをしていますのでそちらも参照してください。

倒産事件はこのところ減少しており、景気は持ち直しているとの報道もあります。しかし、団塊の世代全員が後期高齢者になって事業の承継が関心事となる「二〇二五年問題」が生じるとの予測がありますから新たな形態の倒産が増えるかもしれません。次のような事例について、あなたはどのように考えられるでしょうか。

Aさんは、大阪府下に住宅付き工場を持ち従業員二名と一緒に製造業を営む個人事業主で、大手から注文を受けて利益は少ないものの安定した業績を上げているが、七〇代に入り引き継ぐ子供もいないのでこの先事業を続けても取引高が減少していくかもしれない景気の動向を考え早めに事業をたたむ方向で検討していた。そこにマンションを建設する会社の飛び込み営業を受け、町工場をやめて取り壊し跡地にマンションを建てて自らその一室に居住してマンション経営をしようと考えた。従業員二名の承諾を得て廃業し住宅付き工場を取り壊し更地にしていざ建設にかかろうとすると建築基準法の規制によりマンションを建てられない土地であることが分かり計画がとん挫した。Aさんには国民年金以外に収入はなくなり、町工場を経営していた時に機械の更新などにより生じた借り入れや材料仕入れの買掛金があった上に新たにマンション建設に絡む借金が生じた。Aさんは、それらの債務について支払不能に陥り破産申立を余儀なくされた。

Bさんは、Aさんの工場とそれほど離れていないところで同規模の製造業を営む個人事業者であったが、事業承継についてC弁護士に相談した。C弁護士は、事業再生の専門家でBさんのために以下のような提案を行った。古参の従業員を代表者とする株式会社を立ち上げ、工場を現物出資したBさんが新会社の従業員となって住宅に居住を続けながら経営のノウハウを伝える目的で顧問として働き続けるというものである。融資先や買い掛けのある取引先と債務の処理について話し合いが必要であることは言うまでもない。Bさんが引退時に株式を代表者や資金的援助をしてくれる人などに売却することにより退職金に代わる老後資金が取得可能である（融資先や取引先の了解を得るのが難しいときは個人再生や破産免責制度の利用が考えられる。破産を選択した場合でも事業継続によって資産価値の維持を図りながら破産管財人によって承継を受ける人に売却する方法がある。）。Bさんは、C弁護士の意見を取り入れ事業承継を行った。その結果はというと、七〇代に入った現在Bさんは元従業員に感謝されながら以前にも増して生き生きとして事業に取り組んでいる。借金があっても後継ぎの子供がなくても事業承継は可能であるという一例である。

いかがでしたか。素人判断に頼るのではなく専門家の意見を聴く必要があるのは医療の場合と変わりがありません。倒産というと暗いイメージをもたれるかもしれませんが、必ずしもそうとは言い切れない一面があります。あなたが、どのような立場の方であれ、積極的な思考をして直面されている問題の解決に当たられ、明るい未来を手に入れられることを心より祈っております。

この本があなたに幸福をもたらす一助となるとしたら著者としてこれに過ぎる喜びはありません。

本書のために資料を提供していただいた方々、そして原稿を読んで感想や助言を寄せていただいた方々、裁判所現職ＯＢなどのご協力に心より感謝します。

二〇二二年一二月

髙井昌一郎

# 手続チャート図

【管財事件】

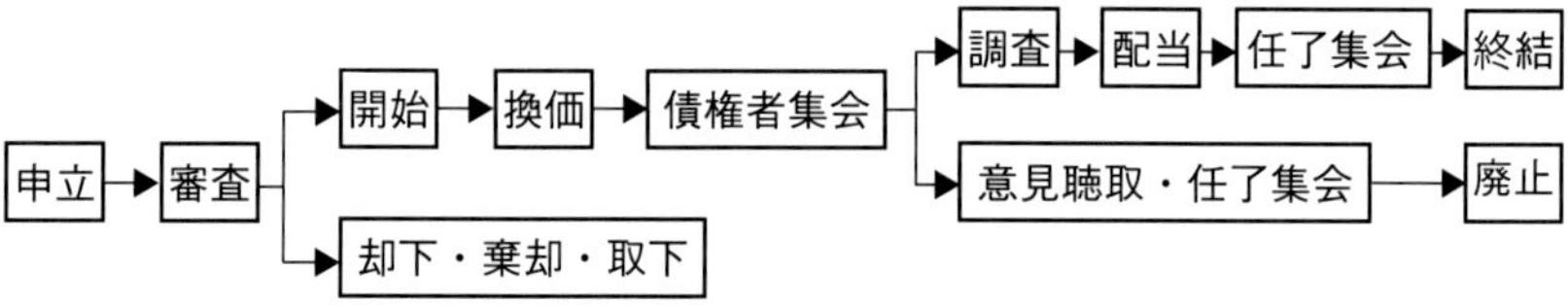


【同時廃止事件】

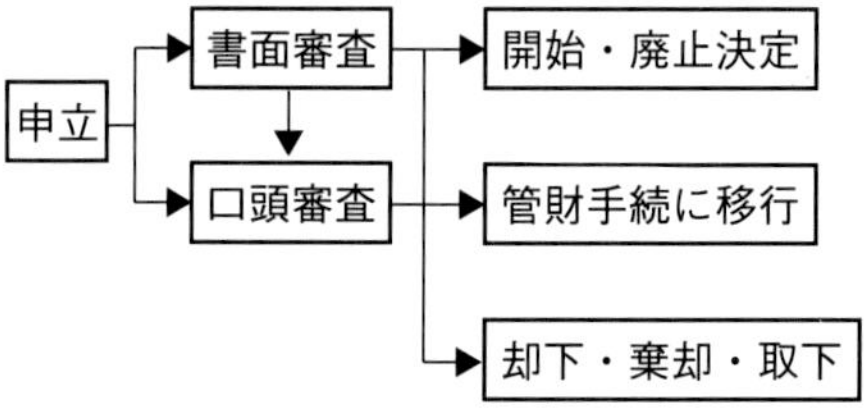


【免責事件】　免責審尋期日を開く場合には、意見申述期間経過後１週間位して開催します。

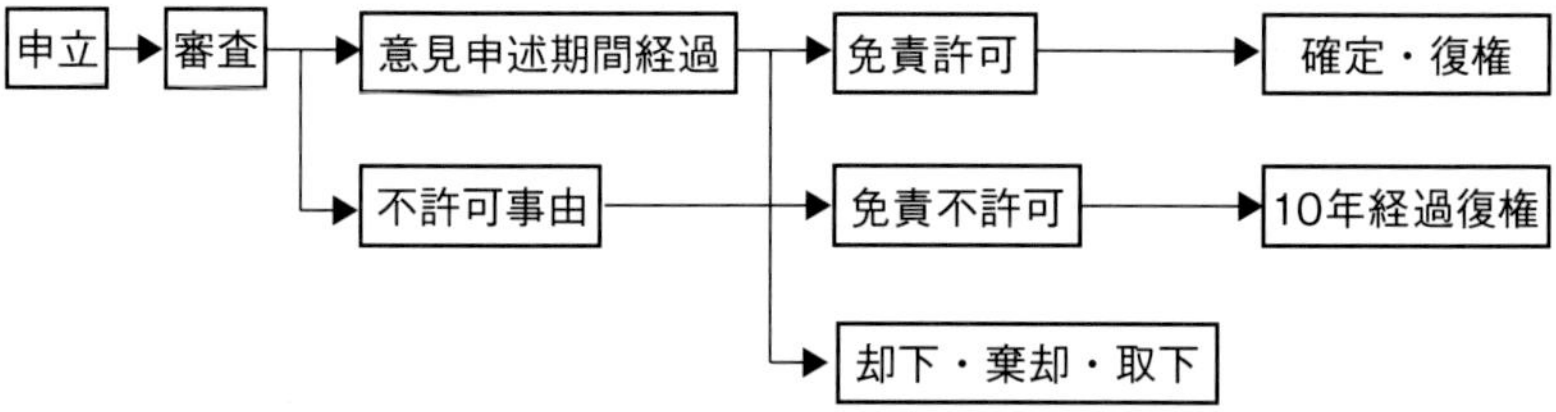


【個人再生事件】　給与所得者等再生は、決議が省略されています。

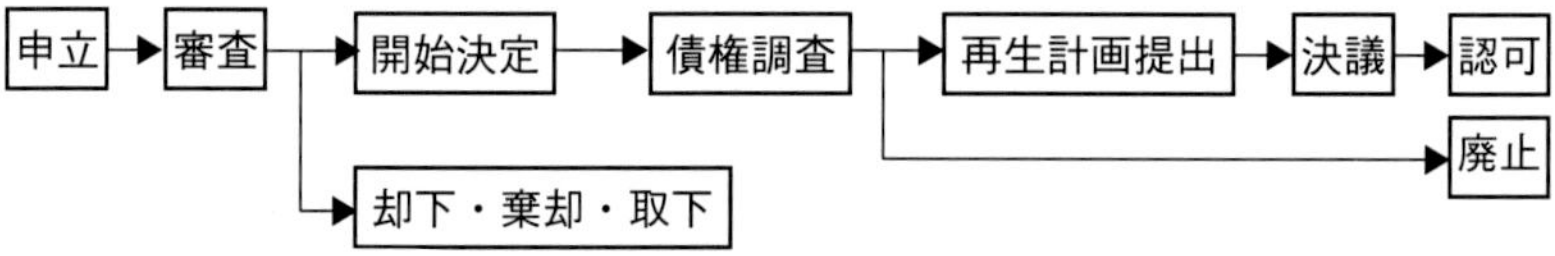

## 統計１　全国の倒産事件新受件数の推移

| 年次 | 破　産 | 再生 | 小規模個人再生 | 給与所得者等再生 | 会社更生 | 会社整理 | 特別清算 |
|---|---|---|---|---|---|---|---|
| 平成１１年 | 128,488 | | | | 37 | 12 | 343 |
| 平成１２年 | 145,858 | 662 | | | 25 | 6 | 352 |
| 平成１３年 | 168,811 | 1,110 | 1,732 | 4,478 | 47 | 2 | 335 |
| 平成１４年 | 224,467 | 1,093 | 6,054 | 7,444 | 88 | 4 | 336 |
| 平成１５年 | 251,800 | 941 | 15,001 | 8,611 | 63 | − | 290 |
| 平成１６年 | 220,261 | 712 | 19,552 | 6,794 | 45 | − | 326 |
| 平成１７年 | 193,179 | 646 | 21,218 | 4,830 | 44 | 2 | 398 |
| 平成１８年 | 174,861 | 598 | 22,379 | 3,734 | 14 | 2 | 400 |
| 平成１９年 | 157,889 | 654 | 24,586 | 3,086 | 19 | − | 395 |
| 平成２０年 | 140,941 | 859 | 21,810 | 2,242 | 34 | − | 385 |
| 平成２１年 | 137,957 | 659 | 18,961 | 1,770 | 36 | − | 365 |
| 平成２２年 | 131,370 | 348 | 17,665 | 1,448 | 20 | − | 365 |
| 平成２３年 | 110,451 | 327 | 13,108 | 1,154 | 7 | − | 299 |
| 平成２４年 | 92,555 | 305 | 9,096 | 925 | 24 | − | 259 |
| 平成２５年 | 81,136 | 209 | 7,665 | 719 | 6 | − | 280 |
| 平成２６年 | 73,368 | 165 | 6,982 | 686 | 4 | − | 309 |
| 平成２７年 | 71,533 | 158 | 7,798 | 679 | 42 | − | 286 |
| 平成２８年 | 71,840 | 151 | 8,841 | 761 | 1 | − | 292 |
| 平成２９年 | 76,015 | 140 | 10,488 | 796 | 10 | − | 335 |
| 平成３０年 | 80,012 | 114 | 12,355 | 856 | 4 | − | 312 |
| 令和元年 | 80,202 | 145 | 12,764 | 830 | 1 | − | 304 |
| 令和２年 | 78,104 | 109 | 12,064 | 777 | 3 | − | 338 |
| 令和３年 | 73,457 | 110 | 10,509 | 740 | 3 | − | 302 |

統計１乃至４は司法統計から作成

## 統計２　全国の受理区分別破産新受事件数

| 年次 | 新受 | | | | | その年中に破産手続開始決定が出た |
|---|---|---|---|---|---|---|
| | 総数 | 個人 | 自己破産 | 法人・その他 | 自己破産 | |
| 平成20年 | 140,941 | 129,882 | 129,508 | 11,059 | 10,627 | 139,326 |
| 平成21年 | 137,957 | 126,533 | 126,265 | 11,424 | 10,990 | 135,180 |
| 平成22年 | 131,370 | 121,150 | 120,930 | 10,220 | 9,840 | 129,576 |
| 平成23年 | 110,449 | 100,735 | 100,510 | 9,714 | 9,398 | 110,079 |
| 平成24年 | 92,552 | 82,901 | 82,668 | 9,651 | 9,343 | 91,098 |
| 平成25年 | 81,136 | 72,287 | 72,048 | 8,849 | 8,577 | 80,188 |
| 平成26年 | 73,368 | 65,393 | 65,189 | 7,975 | 7,723 | 72,296 |
| 平成27年 | 71,533 | 64,081 | 63,856 | 7,452 | 7,221 | 69,134 |
| 平成28年 | 71,840 | 64,872 | 64,639 | 6,968 | 6,759 | 69,714 |
| 平成29年 | 76,015 | 68,995 | 68,792 | 7,020 | 6,848 | 73,751 |
| 平成30年 | 80,012 | 73,268 | 73,099 | 6,744 | 6,583 | 77,539 |
| 令和元年 | 80,202 | 73,292 | 73,095 | 6,910 | 6,743 | 78,415 |
| 令和2年 | 78,104 | 71,838 | 71,678 | 6,266 | 6,085 | 77,488 |

# 統計3　全国の破産者及び終局区分別破産既済事件数

| 年次 | 破産者 | 総数 | 破産手続終結 | | | | | 破産手続廃止 | | | | 棄却又は却下 | 取下げ | その他 |
|---|---|---|---|---|---|---|---|---|---|---|---|---|---|---|
| | | | 総数 | 最後配当 | 簡易配当 | 同意配当 | その他 | 総数 | 同時廃止 | 異時廃止 | 同意廃止 | | | |
| 平成28年 | 総数 | 71,315 | 6,778 | 483 | 6,008 | 280 | 7 | 62,640 | 41,376 | 21,262 | 2 | 99 | 1,565 | 233 |
| | うち自己破産 | 70,675 | 6,637 | 444 | 5,915 | 271 | 7 | 62,322 | 41,312 | 21,009 | 1 | 86 | 1,408 | 222 |
| | 個人 | 64,115 | 4,953 | 157 | 4,557 | 234 | 5 | 57,437 | 41,373 | 16,062 | 2 | 85 | 1,446 | 194 |
| | うち自己破産 | 63,727 | 4,881 | 148 | 4,497 | 231 | 5 | 57,242 | 41,309 | 15,932 | 1 | 81 | 1,335 | 188 |
| | 法人・その他 | 7,200 | 1,825 | 326 | 1,451 | 46 | 2 | 5,203 | 3 | 5,200 | － | 14 | 119 | 39 |
| | うち自己破産 | 6,948 | 1,756 | 296 | 1,418 | 40 | 2 | 5,080 | 3 | 5,077 | － | 5 | 73 | 34 |
| 平成29年 | 総数 | 75,069 | 6,823 | 424 | 6,119 | 270 | 10 | 66,380 | 43,763 | 22,616 | 1 | 126 | 1,489 | 251 |
| | うち自己破産 | 74,499 | 6,685 | 385 | 6,026 | 264 | 10 | 66,116 | 43,714 | 22,401 | 1 | 105 | 1,354 | 239 |
| | 個人 | 67,966 | 5,048 | 128 | 4,683 | 228 | 9 | 61,209 | 43,761 | 17,447 | 1 | 109 | 1,382 | 218 |
| | うち自己破産 | 67,630 | 4,983 | 118 | 4,631 | 225 | 9 | 61,052 | 43,712 | 17,339 | 1 | 96 | 1,288 | 211 |
| | 法人・その他 | 7,103 | 1,775 | 296 | 1,436 | 42 | 1 | 5,171 | 2 | 5,169 | － | 17 | 107 | 33 |
| | うち自己破産 | 6,869 | 1,702 | 267 | 1,395 | 39 | 1 | 5,064 | 2 | 5,062 | － | 9 | 66 | 28 |
| 平成30年 | 総数 | 78,516 | 6,608 | 394 | 5,996 | 209 | 9 | 70,149 | 46,486 | 23,661 | 2 | 122 | 1,433 | 204 |
| | うち自己破産 | 78,014 | 6,490 | 356 | 5,925 | 200 | 9 | 69,904 | 46,438 | 23,464 | 2 | 111 | 1,322 | 187 |
| | 個人 | 71,835 | 5,003 | 121 | 4,691 | 183 | 8 | 65,206 | 46,486 | 18,718 | 2 | 111 | 1,338 | 177 |
| | うち自己破産 | 71,543 | 4,945 | 112 | 4,649 | 176 | 8 | 65,061 | 46,438 | 18,621 | 2 | 105 | 1,267 | 165 |
| | 法人・その他 | 6,681 | 1,605 | 273 | 1,305 | 26 | 1 | 4,943 | － | 4,943 | － | 11 | 95 | 27 |
| | うち自己破産 | 6,471 | 1,545 | 244 | 1,276 | 24 | 1 | 4,843 | － | 4,843 | － | 6 | 55 | 22 |
| 令和元年 | 総数 | 79,318 | 6,585 | 378 | 6,008 | 192 | 7 | 71,114 | 45,971 | 25,141 | 2 | 123 | 1,295 | 201 |
| | うち自己破産 | 78,829 | 6,486 | 342 | 5,952 | 185 | 7 | 70,868 | 45,925 | 24,941 | 2 | 108 | 1,176 | 191 |
| | 個人 | 72,590 | 4,994 | 109 | 4,722 | 157 | 6 | 66,143 | 45,971 | 20,170 | 2 | 109 | 1,172 | 172 |
| | うち自己破産 | 72,307 | 4,946 | 102 | 4,687 | 151 | 6 | 65,996 | 45,925 | 20,069 | 2 | 102 | 1,100 | 163 |
| | 法人・その他 | 6,728 | 1,591 | 269 | 1,286 | 35 | 1 | 4,971 | － | 4,971 | － | 14 | 123 | 29 |
| | うち自己破産 | 6,522 | 1,540 | 240 | 1,265 | 34 | 1 | 4,872 | － | 4,872 | － | 6 | 76 | 28 |
| 令和2年 | 総数 | 79,348 | 6,617 | 320 | 6,008 | 237 | 7 | 71,261 | 45,515 | 25,743 | 3 | 111 | 1,124 | 235 |
| | うち自己破産 | 78,906 | 6,535 | 305 | 5,994 | 229 | 7 | 71,021 | 45,465 | 25,553 | 3 | 99 | 1,027 | 224 |
| | 個人 | 72,583 | 5,052 | 130 | 4,723 | 195 | 4 | 66,222 | 45,514 | 20,705 | 3 | 94 | 1,012 | 203 |
| | うち自己破産 | 72,329 | 5,003 | 125 | 4,686 | 188 | 4 | 66,077 | 45,464 | 20,610 | 3 | 90 | 960 | 199 |
| | 法人・その他 | 6,765 | 1,565 | 190 | 1,330 | 42 | 3 | 5,039 | 1 | 5,038 | － | 17 | 112 | 32 |
| | うち自己破産 | 6,577 | 1,532 | 180 | 1,308 | 41 | 3 | 4,944 | 1 | 4,943 | － | 9 | 67 | 25 |

## 統計４　全国の事件の種類及び終局区分別再生既済事件数

| 年次 | 事件の種類 | 総数 | 再生手続廃止 | 再生計画不認可 | 再生計画取消し | 再生手続終結 | 棄却又は却下 | 取下げ | その他 |
|---|---|---|---|---|---|---|---|---|---|
| 平成30年 | 総数 | 12,443 | 398 | 25 | | 11,452 | 34 | 493 | 41 |
| | 再生 | 157 | 23 | 1 | | 122 | 5 | 4 | 2 |
| | 小規模個人再生 | 11,473 | 356 | 22 | | 10,593 | 25 | 440 | 37 |
| | 給与所得者等再生 | 813 | 19 | 2 | | 737 | 4 | 49 | 2 |
| 令和元年 | 総数 | 13,601 | 353 | 42 | － | 12,724 | 37 | 414 | 31 |
| | 再生 | 122 | 25 | － | － | 92 | 1 | 4 | － |
| | 小規模個人再生 | 12,628 | 312 | 41 | － | 11,860 | 32 | 355 | 28 |
| | 給与所得者等再生 | 851 | 16 | 1 | － | 772 | 4 | 55 | 3 |
| 令和２年 | 総数 | 12,864 | 375 | 26 | － | 11,988 | 33 | 412 | 30 |
| | 再生 | 152 | 25 | － | － | 118 | 4 | 3 | 2 |
| | 小規模個人再生 | 11,948 | 337 | 26 | － | 11,172 | 20 | 370 | 23 |
| | 給与所得者等再生 | 764 | 13 | － | － | 698 | 9 | 39 | 5 |

目次

## 第三章　同時廃止事件関係 59

# 登場人物（発言順）紹介

青木主任書記官・・・・田山の元部下で再任用時の上司である主任書記官

田山先輩・・・・・・・著者のアバター

前島書記官・・・・・・執行部を経由して破産部に来た書記官

木川事務官・・・・・・書記官を補佐する事務官で廷吏を兼務

亀山書記官・・・・・・速記官から転官した後通常部で法廷立会を経験し破産部に来た書記官

藤村書記官・・・・・・家庭裁判所から異動してきた書記官

副島事務官・・・・・・総合研究所から実務修習で来た事務官

# 登場人物イラスト

田山先輩

前島書記官

青木主任書記官

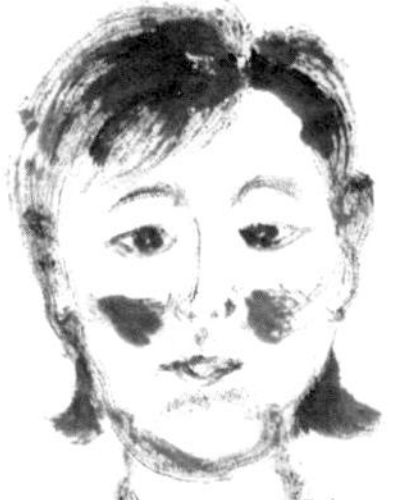

亀山書記官

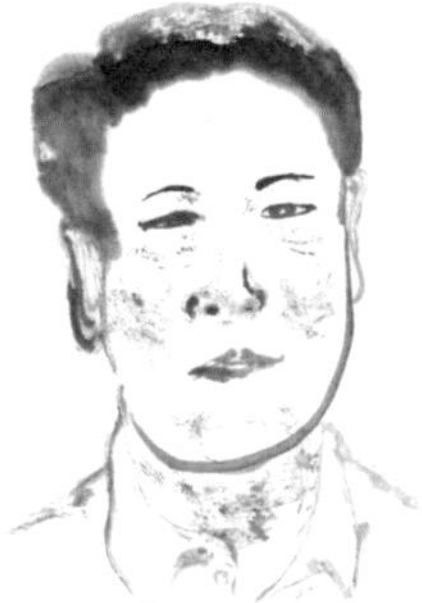

木川事務官

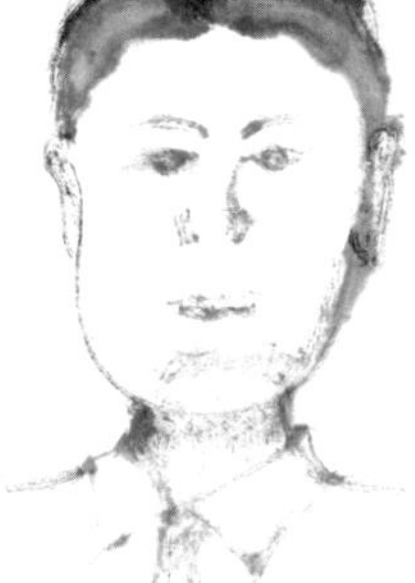

副島事務官

藤村書記官

# 序章

青木　あっ、先輩！お久ぶりですが、今日はどんな用事で見えたのですか。
田山　こんにちは。実は人事課に用事があって来た帰りです。懐かしい職場の様子を見たくなって寄りました。
青木　もしお時間がおありでしたら、そうですね、午後四時半頃もう一度お寄り下さい。
田山　いいですよ。
青木　日頃係員から質問を受け私も疑問に思っていることがあるのでレクチャー願えないでしょうか。
田山　勿論です。挨拶をしたいところがあるので庁内を回ってから戻って来ます。
・・・・・小一時間後・・・・・
青木　今日は全国で唯一の倒産専門部と言われる大阪地方裁判所第六民事部（民事部とは民事裁判・保全・執行・破産などの手続きをする部署）に長年勤務され今年三月末でご退職され伝説の書記官となった田山正平先輩の話をお聞かせ頂きます。折角の機会ですので皆さんも自由に質問し日頃の疑問を解消して下さい。
田山　私は、大阪地方裁判所第六民事部に、昭和五九年一月から平成二九年三月末まで出入りはありますが、通算四回二〇年余り勤務しました。その間消費者破産の急増期、豊田商事に代表される虚業破産の時代、バブル崩壊後の不良債権処理の時代、リーマンショックで経済が低迷したことによる企業破産増加の時代、過払金返還請求による債務整理に伴う個人破産激増期を第六民事部で過ごしました。その過程で倒産法の改正を経験した者としてこれだけは後進に言い残しておきたいと思うことがあります。レジェンドと呼ばれるのにふさわしいお話はできないかもしれませんが、例えその一部でも語り伝えていただけたらうれしいです。

前島　先輩は、大阪地方裁判所第六民事部以外に堺支部でも倒産事件を担当されたのですか。

田山　はい。定年後再任用で平成二四年四月から二七年三月末まで堺支部の破産管財事件を担当しました。平成九年四月から一〇年三月までは、堺支部の執行事件を担当しました。当時は住専問題があって不良債権処理が進む時期でした。不動産の換価で執行と破産が競合することが少なくないため破産にも関心を持って動向を見ていました。それから平成六年四月から平成八年三月末まで奈良地方裁判所五條支部で件数は少ないのですが庶務課長業務の傍ら破産事件を担当しました。これから話すのは主に大阪地方裁判所第六民事部でのケースです。他の裁判所のケースについては裁判所名を言います。

# 第一章　個人破産

法律相談

# 第一章　個人破産

## 定　義

青木　それでは個人破産についてお伺いします。まず個人破産とはどういう状態をいうのですか。

田山　法人に対する個人（権利義務の主体となる個々の人）が経済的破綻に瀕している状態をいいます。事業者のこともあれば消費者のこともあります。手続的には法的な破産に限らず、民事再生、調停等の手続をとる場合も含みます。それ以外に裁判所が関与しない任意整理があります。

## 特定調停

青木　大阪地方裁判所第六民事部では第三セクターを債務者とする特定調停を扱っているのですが、どういうことでしょうか。

田山　特定調停というのは、支払いが滞りつつある債務者の申立で簡易裁判所が債権者との話し合いの仲裁に入って返済条件の軽減などの合意が成立するように働きかけて債務者が借金を整理して生活の立て直しができるように支援する制度です。第六民事部で扱っているのは「事業再建型特定調停」と総称される事件で、合意管轄（専属管轄ではない任意管轄で当事者の合意で決まる裁判所の管轄）により地方裁判所に申し出られた特定調停事件のうち、企業の私的整理に関する事件で事業再生計画案を前提とするもののほか、私的整理に関するガイドラインに基づいて私的整理を申し出た債務者またはその主要債権者が申し出た私的整理に関する特定調停事件、それから第三セクターを債務者とする特定調停事件です。

青木　会社更生や民事再生を申し立てないのはどうしてですか。

田山　それらの手続きによっては信用力が低下して事業価値が著しく棄損される恐れがあるケースだからです。第六民事部では、倒産事件に精通した弁護士に調査嘱託して申立人の事業再生計画案の合理性、相当性について調査を行いその結果に基づいて合意形成を斡旋しています。

## 破産申立動機の変化

青木　大阪において個人破産が関心を集めるようになったのはいつからですか。

田山　個人破産自体は、かなり古くからありましたが、その数が急増して社会的な関心を集めるようになったのはやはり消費者金融が普及した昭和五〇年代以降のことです。それ以前には破産事件と言えば債権者申立がほとんどといってよい状況でしたが、消費者金融が普及するのに伴って次第に自己破産が主流になりました。それは債権取立ての手段であった破産が免責制度の利用を目的とするようになったことと対応しています。そして大阪簡易裁判所に調停センターの設置がなされ多重債務の整理が並行的に行われていましたから潜在的なものも含めると個人破産の数は相当数に及ぶだろうと思います。大阪簡易裁判所の管轄内にある公的サラ金問題相談機関四カ所、大阪府庁、大阪市役所、大阪府警察本部、大阪弁護士会だけで昭和五三年から五九年の累計相談件数は五万件余りであったという調査結果があります。大阪簡易裁判所のサラ金相談件数は同一期間の累計が約五、七〇〇件です。その他親族や友人知人職場の上司、金融機関、法律事務所、組合など私的な相談機関が扱ったものもあると思います。

## 事件の急増とOA化

青木　調停及び公的、私的相談機関で解決できなかったもののうち何割かが破産申立に至ったと考えられますが、事件数の急増は破産事件の処理にどのような影響をもたらしましたか。

田山　昭和五八年一一月一日施行の「貸金業の規制等に関する法律」が制定されたことに伴う駆

け込み貸付の影響で大阪地方裁判所第六民事部だけで昭和五八年一二月に初めて月間一〇〇件以上の同時廃止による破産宣告（現行法では破産手続開始といいます）がありました。翌五九年一月から同時廃止の独立係である六係が設置され対応するようになりました。このころ最高裁判所事務総局総務局の指示で親指シフト・キーボード採用の富士通のワープロの入力速度を他社製のものと比較する実験が行われました。昭和五九年四月から第六民事部に東芝製トスワードが送られて来ました。この時のトスワードは初期のワープロであったため連文節の変換がやっとというものでした。裁判所ではまだＯＡ化に抵抗がある時期でしたから全国的には梱包を解かず放置せざるを得ないところもあったと聞いています。第六民事部では破産事件にＯＡ機器を活用して効率化を図らなければならないという意識を持った人たちがいました。私もその一人です。全司法労働組合大阪支部民事分会に対する説明会が開催され、その席上私はワープロの有用性を話しました。それからプロジェクトを立ち上げ総務局指示の実験を行う傍らワープロ、パソコンなどのＯＡ機器を破産事件に活用できないかを模索するようになりました。プロジェクトチームは、岡田優主任書記官、私田山正平書記官、中川茂樹事務官、西本薫事務官の四名で構成されました。

## 免責事件の滞貨と最高裁の対応

青木　個人破産は免責を得るのが目的だという話が出たのですが、免責事件に関して何か動きはありましたか。

田山　当時免責審尋は必要的で期日指定があれば官報公告されかつ、手続きの段階で債務者が知ることができた債権者への個別通知が行われていました。当時はまだ免責制度への世間一般の理解は十分とはいえず、免責審尋期日に出席した債権者が破産者である債務者に支払いを迫り破産を申し立てることが不誠実であると詰め寄るなど混乱することが少なくなく、債務者に土下座を求める場面もありました。裁判所として鎮静化を待つために破産宣告後免責申立てがあっても六カ月間は免責審尋期日を指定しないという運用をしていました。個人破産の増加に伴って同時廃止の免責事件の未済の滞貨がボディーブローのように効いてきました。

青木　それは大阪に特有のことだったのですか。

田山　同時廃止の運用自体は、消費者保護を推進する関西地域の弁護士の強い要望と裁判所の負担を軽減する観点から大阪地方裁判所第六民事部の満田哲裁判官によって創始されたといってよいと思います。同時廃止の運用は、昭和五〇年代後半から「サラ金破産」が社会問題化するにつれて広がり昭和六〇年当時全国的に採用されていました。全国的な免責事件の滞貨は最高裁判所事務総局内部で問題視され、民事局第三課長（全国の執行・破産を統括する裁判官）が昭和六〇年一月二〇日に大阪地方裁判所第六民事部を訪れ行政指導を行いました。

青木　労働組合機関紙「全司法大阪」に載った「殴り込み」事件ですね。それに対する対応はどのようなものだったのですか。

田山　何分突然のことで、部総括川渕留雄裁判官は不在だったため、右陪席（合議体で裁判長から見て右手にすわる中堅の裁判官）杉田和己裁判官が対応に当たりました。基本姿勢としては、問題の重要性は十分認識し既に対策はとっているということで対応したと聞いております。免責審尋の期日指定を六カ月待つ運用を改め破産宣告が確定した事件から順次行い、既に実用化されていたワープロの差し込み印刷による帳票印刷機能により大量処理を行い、未済解消にむけ着実に成果を上げておりました。ワープロでは事件管理の機能が十分ではなかったので中川茂樹事務官を中心にパソコンのリレーショナル・データベースソフトを使った破産事件処理の研究も始めていました。又当時官報公告を四回、破産宣告及び破産同時廃止・免責審尋期日指定・免責決定・免責確定を実施していましたが、法律を改正しその回数を減らすことも検討されました。

青木　破産法の改正について最高裁判所との協議があったということですか。

田山　旧破産法は、大正一一年の制定でしたから昭和六〇年時点では約六三年の歳月が経過していましたが、その間昭和二七年に免責制度が導入された以外に大きな改正はなかったために社会状況の変化に対応できない状態でした。現場が事務改善をするにしても法律の規定を無視することができず、改正の必要性は痛感されていました。最高裁判所も現場の意見を取り入れた改正を主導しなければと考えたのでしょう。先の官報公告に関して言えば、免責審尋期日指定と免責確定の公告は廃止の方向で最高裁判所と申し合わせができました。

## 電話問い合わせに対する東京と大阪の対応の違い

木川　個人破産に関しては債権者などからの電話による問い合わせが多いので負担を感じます。電話対応の取り扱いについて大阪地方裁判所と東京地方裁判所の間に違いがあったと聞いたのですが、説明してください。

田山　大阪は、破産手続開始前の事件については一切答えていません。取下げによって終了した事件についても答えていません。東京は、債権者から事件番号と債務者名を特定して照会があったときには回答するが、債務者名のみのときは回答していないと聞いています。免責の取下げや破産の取下げは、破産事件処理システムの早見表の画面で分かる限り回答している、債権者申立の破産申立のときも同様である、ということで違いがあります。

青木　債権者を名乗る問い合わせの中には貸付に当たり審査の一環として行っている節もあるのですが、いかがでしょうか。

田山　そのとおりだと思います。平成二六年半ば以降、信用調査には応えていません。

## 個人情報の保護

青木　破産事件についての密行性について、現行法で根拠ができたのですか。

田山　以前は、破産事件には非訟事件としての性格があるからと説明していましたが、現行法では、保全処分の執行を終えたものを除き開始前には記録の閲覧謄写ができないと定められて、電話照会に応じない根拠ができました。また平成二七年には、個人情報保護の観点から必要性が認められた特定事件について秘匿《ひとく》するという通達が出ました。通達が出るまでは、DV（ドメスティック・バイオレンス）関係で民事訴訟法を準用していました。破産者の住所や勤務先等をマスキングした記録を編成して配偶者などに知られないようにしています。給与の前借をしているなどの事情がない限り勤務先に破産申立をしていることを知られません。

青木　戸籍謄本の提出を求めなくなったのはいつからですか。

田山　平成二二年一月からは、申立直前に離婚、離縁をしているなど個別に必要な事件だけにな
りました。破産規則では本籍が記載された住民票が要求されているだけです。本籍通知に配
慮したものです。

# 第二章　管財事件関係

一般管財の財産状況報告集会

# 第二章　管財事件関係

## 定義

青木　管財事件とはどういうものを指すのですか。

田山　裁判所が、利害関係を持たない弁護士などを破産管財人に選任し、破産管財人によって債務者の執行可能な財産を現金に換えて、破産債権者に優先関係と債権額に応じて平等に配当する手続です。

## 申立書審査

青木　管財手続が破産手続の原則的形態ということですが、現行破産法が施行される平成一七年一月より前の旧法時代に遡って管財手続はどのように進行するのか説明して下さい。

田山　当時は定型の申立書書式はありませんでしたからチェック式ではなく物語形式の記述がされていました。申立があると書記官が形式的審査して、事件メモを作成し、裁判官に記録とともにあげました。その際破産管財人候補の弁護士を書記官の意見として記載することがありました。裁判官として大阪に初めて勤務する場合は勿論ですが、第六民事部の裁判官は一部を除き、大阪家庭裁判所で一、二年勤務して異動になった人や、公判部（主に法廷で審議する事件を扱う部署）で煩雑な大型の事件の判決起案（判決原稿を書く作業）を持った人や、在外研究に行く人または帰った人、産休に入る人または明けた人、持病のある人などで三年間勤務することは少なく、「倒産村」（企業再生企業倒産を主たる業務とする弁護士の集団）の弁護士について詳しく知らなかったのです。

青木　裁判官の配置問題に触れられましたが、一般職の配置についてはどうでしたか。

田山　「六民病院」（病気の職員を一時的に配置する部署と揶揄した表現）という呼び名があるくらいで療養治療中の人を抱え、裁判官の場合と余り変わらない状況です。執行など特殊部に共通した問題かもしれませんね。それと事件増に対して増員は後手に回りますから人手不足が生じがちで事件数が倍々ゲームで増えるときなどは一層深刻です。

## 債務者審尋

青木　審尋期日は、中立があったすべての事件で指定されていたのですか。

田山　平成一二年以降は必要な事件についてだけですが、それ以前は全件開いていました。破産原因の有無を調査することが主目的ですが、それに関連して債権者の追及を免れようとして破産宣告前の保全処分を得る目的で破産を申し立てる濫用事例（申立権の乱用ともとれるケース）、保全処分が出てから破産宣告までの間に破産申立を取下げる、いわゆる「食い逃げ」もありましたから調査していました。管財業務を進めるうえで法律問題がないか、否認権行使のため訴訟提起の必要の有無など破産予納金の積み増しを要する事項を確認していました。また債権者申立の場合は債務者に反論の機会を与える必要がありました。債務者は、事業継続を断念することもありますが、大抵は近いうちに入金があるから支払えるのだと主張しますから、その結果裁判所が和解を勧告し、期日を続行することも少なくありませんでした。

木川　初歩的なことを確認しますが、破産原因とは何ですか。

田山　個人の場合は、支払不能ですが、法人の場合には、債務超過も破産原因になっています。

## 保全処分

青木　破産宣告前の保全処分はどのように運用されていたのですか。

田山　債権者申立の場合こそ財産の散逸を防ぐために保全処分の必要があると思えるのですが、平成一〇年頃までは債権者申立の場合には保全処分は認められませんでした。債務者に圧力をかけて返済を迫るため嫌がらせ的な破産申立がされることが多かったのかもしれません。

反対に自己破産の場合に債権者の圧力があるという理由で大多数の事件で処分禁止、弁済禁止、有体動産仮差押えなどの包括的な保全処分が認められていました。平成一〇年頃以降自己破産であれば、申立人である債務者が処分や弁済をしなければよいという理由で認められなくなりました。相殺されるといっても金融機関に対して宣告後直ちに宣告決定をＦＡＸすればよいわけですから直ちに破産宣告がされたら保全の必要はありません。また保全処分を出した後破産申立を取下げることは現行法と異なり禁じられていなかったことは既に申し上げたとおりです。破産の申立てと取下げを繰り返し、その狭間に一部の債権者が弁済を受けるということもありました。強制執行停止についても債務者の給与などの収入を守るのが目的ではなくて偏頗《へんぱ》行為（特定の債権者のみに対して担保の供与や債務の消滅行為をすること）を防いで公平な弁済を目的としますから、原則認めず、破産宣告を早める運用は今と変わりませんでした。昭和六〇年に豊田商事の事件があって、裁判長を務めた川渕留雄裁判官が宣告前の保全処分として保全管理人を選任しました。破産では珍しいことだったので記憶に残っています。審尋後に裁判官が債務者には破産原因があると認定したら破産管財人候補を指名し、書記官から弁護士事務所に連絡します。

## 破産管財人選任

青木　破産管財人候補の弁護士は、書記官から電話で連絡を受けてどのようなことをするのですか。

田山　現在でも同じですが、連絡を受けた当日か翌日に弁護士が受任事件の法廷の合間など空き時間を使い書記官室に来て、記録を閲覧し、利害関係の有無を確認したうえ、受任するかどうかを裁判所に伝えます。承諾をした時点で就任内定ということでその場で書記官に名刺を提出します。破産宣告の同時処分として債権者集会期日などと一緒に破産管財人の選任について付属決定をするのに最新の情報が必要だからです。書記官と事案の特徴、留意点について協議して、宣告日、第一回債権者集会期日、債権届出期間及び債権調査期日を打ち合わせます。封印執行（破産者に属する財産の現状の変更を禁止する処分）を要する場合にはその打ち合わせも行います。破産宣告後緊急の処置が必要な場合には審尋の前に裁判官が破産管財人候補を指名して書記官から連絡し審尋期日への立ち会いを求めていました。以前は中立書とその添付書類の副本その他の資料を裁判所から渡していたのですが、現在では中立代理人から直接引継を受けて検討に入ります。

青木　破産宣告後第一回債権者集会までは破産管財人はどんなことをしていたのですか。

田山　現在では、中立代理人から直接破産管財人に「引継予納金」として引き継ぐのですが、以前は裁判所が中立代理人から予納を受けていたので破産管財人が裁判所の出納課で小切手を受け取って銀行に入金するために就任後直ちに破産管財人口座を開設していました。自己破産の場合には「財団組入」、債権者中立の場合には「費用前払」で中立代理人が収めた裁判所の破産予納金から支払う必要があったのです。また買主などの取引先、債務者に対して破産者への支払いを止めて破産管財人に支払うことを通知しなければなりません。何枚もの管財人証明の申請をします。破産者の預金口座の解約等の業務を行う必要があるからです。以前は裁判所から破産者宛の郵便物について配達を担当する郵便局に対して郵便回送嘱託がなされていましたが、現在は管財人事務所から送っています。破産管財人は、事務所に回送されて来る郵便物の調査をします。破産者が事業者であれば破産管財人が裁判所に代わって監督官庁への通知をします。税金など財団債権の調査をします。破産者と面談して、管財業務の方針を決めます。また債権者などへの破産宣告通知書や破産債権届出書用紙の送付準備作業も裁判所から依頼して破産管財人事務所の協力を求めていました。

## 本籍通知

前島　破産宣告が確定すると本籍通知（破産者の本籍地の市町村役場に対して破産宣告による資格の制限を知らせる処分）をしていたと聞いたのですが、どんな根拠で通知していたのですか。

田山　最高裁判所事務総局民事局長通達が根拠です。破産者になると、後見人、後見監督人、保険外務員、警備員などになれないと民法など他の法律で定められています。そのため選任する側は破産者でないか確認する必要があるわけです。そこで裁判所から市町村役場の戸籍係に通知をしてリストに載せてもらい、選任する側が役場に照会するのです。別に破産したことが戸籍に載るわけではありません。破産確定後通常であれば二、三カ月後には免責が確定し、復権するのでまた破産者でなくなったことを通知していました。事件数が多いためかなり煩雑な手間だったのでそれを避けるため平成一六年一一月三〇日に通達が改正され免責の申立てがなかったり却下、取下げされたり不許可が確定した場合に限って、破産者であることの通知を行うとしました。この運用は実際には通達が改正される三年位前から試行していました。

## 検察官通知外

青木　検察官通知があったと聞いていますが、これについてはどうですか。

田山　旧法に規定されていたので、その意味が疑問視されながら長期間実行されていました。これは、詐欺破産罪などの捜査の端緒を提供するものですが、これによって検察官が動いたという例を私は知りません。そのような悪質な事件は、破産管財人から告訴状を出したらよいと思います。人事事件で公益上の理由で検察官に期日の通知をするのとは趣旨が異なります。

青木　執行官に対する通知もあったそうですが、どういうものだったのですか。

田山　執行官室との申し合わせが根拠です。「保全処分が出ている場合に執行官が巡視しているが、破産宣告が出たことを知らせないといつ止めたらよいかわからない」と言うのですが、保全処分が出ている事件について破産手続開始決定が出たことを破産管財人から執行官に通知してもらうべきです。執行官がパソコンにデータを入力し、破産の通知を受けてから保全処分が出ているか自らデータ検索して調べるというのは迂遠《うえん》で非現実的です。

## 封印執行と帳簿閉鎖

亀山　封印執行や帳簿閉鎖について教えてください。

田山　封印執行は、破産財団、破産者に属する財産のうち清算の対象となる財産の占有が破産者から破産管財人に移転したことを破産者及び第三者に対して公示するために実施されます。封印を破棄して無効にすると刑法により処罰されます。大阪地方裁判所の管轄内に財産があるときは、執行官が封印執行を行う申し合わせがありました。それに対して、管轄外に財産がある場合には書記官が当たりました。事実上の現場検証の意味もあったと思います。占有の確保が本来の目的ですが、第三者の妨害を排除することは警察力を動員しない限り困難でしたから反社会的勢力と思しき人達が出てきたら執行不能としていました。封印執行の当日破産管財人はリース業者や動産買受業者を現場に呼んでおき物件の返還、売却をして事務所や倉庫の明け渡しをスムーズに行い、家主と交渉して保証金をできるだけ多く回収します。書記官は、執行調書を作成しました。破産管財人は書記官作成の物件目録を引用して評価調書を作成します。帳簿閉鎖は、財産調査の基礎資料である帳簿の現状を確保するため破産管財人が帳簿を破産者から回収して書記官に提出して、書記官が帳簿に記載を終了する旨を書き込んで閉鎖しました。封印執行は、かなり頻繁に行われていましたが、帳簿閉鎖は稀《まれ》にしか行われませんでした。両手続は現行法に引き継がれていますが、どちらもあまり行われることはありません。現在では、申立代理人が事業所等の明渡しをしてから破産申立をするため封印執行の対象となる財産がないのが通常だからです。又帳簿閉鎖についても帳簿が電子データになっている場合が多く、コンピュータがリース物件であれば取り戻される前にデータ自体を確保することが帳簿閉鎖よりも重要になるというように状況が変化したのだと思います。

## 破産の登記

青木　破産財団に不動産がある場合には破産の登記を全件行っていたのですか。

田山　はい。大きな事件では、不動産登記簿謄本、破産登記嘱託書の控え、登記済証だけで複数のロッカーを使用したことがあります。破産管財人が任意売却や放棄をすると書記官は上申に基づき破産登記の抹消を嘱託（私人が行なう場合登記申請というのに対し官署が行なう場合）します。破産手続の進行中に分筆（登記簿上一筆の土地を複数に分けること）がある場合などは終了後に破産登記が残ることがありました。破産手続終了後に不動産競売申立が取下げられた場合などに抹消嘱託ができないことがありました。後で登記名義人から破産の登記の抹消を申し立てられることがしばしばありました。現行法では法人については、商業登記簿に破産登記の嘱託をしたら不動産登記簿には嘱託の必要がなくなりました。個人については、条文では要求されていますが、債権者が権利証などを持って行ったケースなどに破産管財人から要請があるまで書記官は不動産登記簿への破産登記の嘱託を留保しています。破産の登記は、取引関係に入る者に警戒させる目的でなされるものであって、破産管財人に処分権が移ったことの対抗要件ではありません。破産管財人が任意売却した時に、破産登記と破産の抹消登記を同時に嘱託したこともありましたが、会社更生について、開始の登記がなくても更生管財人は、売却に伴う所有権移転登記の申請ができるという先例があるので破産についても留保する扱いに変えました。

## 第一回債権者集会

青木　現行法では、財産状況報告集会ですが、旧法時代の第一回債権者集会にはどのようなことをしていたのですか。

田山　破産債権者の出頭及び議決権の有無の確認、注意事項の告知、裁判官入場、開催宣言、破産管財人による報告、破産者の挨拶、法定議決事項の決議、質疑応答、引き続き債権調査期日を開催、続行期日の指定というように進行していました。第一回債権者集会で必ず決めなければならない事項として、高価品の保管場所の指定、扶助料（破産者が貧しく生活が困難な場合破産管財財団から扶助のために支給する）の支給、営業の継続、監査委員の選任がありました。高価品の保管場所については、破産宣告後直ちに、破産予納金を財団組入れする必要があることから破産管財人口座の開設をするため、債権者集会では追認するだけでした。又破産者に対して扶助料を支給することはありませんでした。営業継続については財団増殖に役立つ場合に認められますが、借金を棚上げして事業の継続をさせるものではありませんから認められるケースというのは稀《まれ》でした。労働組合の代表等から営業継続を求められることがありますが、説明して納得してもらいます。監査委員の選任をすることは時間と費用がかかり現実的ではないとして選びませんでした。法定議決権は、確定破産債権の額に応じて認められる建前ですが、認否未了の場合がほとんどだったので未確定債権額を基準に議決権の有無、割合を決めます。しかし、議決を求められると実際には議決票の準備ができないということで議決自体は続行期日で行うとして閉会されることがほとんどでした。その他破産管財人による破産に至る経緯、財団の現状と今後の増殖の見込みについての報告も申立書の記載を破産管財人の立場で確認したうえで引用する形で実施されました。破産債権者の情報から新たな財産が発見される場合や換価困難な財産の処分について破産債権者に買い取りを打診する場合などがありましたが、多くのケースでは債権者集会自体が形骸化していました。

青木　配当が見込まれない事案では、債権者の関心は薄く、集会期日に誰一人として出席する債権者がない場合すらあったと聞いていますが、そのような場合にはどうしていたのですか。

田山　法律上開催が必要とされるという解釈でしたから書記官は、債権者一覧表を確認し政府系の金融機関等が記載されていたら出頭を要請し、時間を遅らせて開催していました。その後債権者の出頭がなくても破産者及び代理人弁護士と破産管財人だけで債権者集会を開催し、法定決議事項の決議をあったものと見做すか続行期日にすることにして手続を進める運用を行うようになりました。

## 債権調査

青木　債権調査は、以前にはどのように行っていたのですか。

田山　債権調査は、債権調査期日に届出債権について破産管財人が調査の結果を発表し、破産債権者及び破産者が意見を述べ合って破産債権の確定を図る手続です。期日前になすべきことをいうと、債権届出期間が満了して二、三日すると破産管財人事務所の事務員が書記官室に来て当時は二通ずつ提出されていた債権届の整理を行い、副本を事務所に持ち帰り、調べます。

届出債権者である法人の代表者の資格証明書が提出されていないときや、疎明書類の不備があるときなどは届出債権者への連絡を事務所から直接行っていました。債権表綴りを二組作成し正本を裁判所に提出します。債権調査期日の数日前に事務員が裁判所に管財業務報告書、出頭簿、認否表を提出します。第一回債権者集会と同じ日に引き続き債権調査期日を開いていましたが、調べが済んだ債権分の認否表を管財人が読み上げ、破産債権者及び破産者に意見を述べる機会を与えたうえで続行するという『五月雨《さみだれ》式認否』が行われていました。その際債権者ごとではなく債権ごとに調査表を作り、認否や、認否前及び認否後の変動を記載していました。債権表の一枚一枚が債務名義であるという考え方でしたから、破産管財人の認否を書記官が転記して作った債権表には一枚ごとに裁判官と書記官が認印を押していました。紙が薄く下の印影が透けて見えるため押したと錯覚して印漏れが起こることが度々ありました。破産管財人事務所でも債権表控えに認否及び認否前後の変動を記載して書記官作成の債権表と突き合わせていました。債権表作成・変動の追記は、転記ミスに注意するだけでなく破産管財人の認否を実質的にチェックすることが要求されていましたから書記官にとって大変な負担でした。そのため残業も月平均で書記官一人につき一〇〇時間を超える例があるくらい長時間化するようになり、健康上問題視されました。平成一六年頃からは「五月雨式認否」

をやめて「後倒し認否」（全ての債権について一期日において一度に行う運用に変えました。併せて債権表の記載を破産管財人の業務とし、書記官はその結果を引用して債権表とする形で運用）の変更を行いました。債権届出書綴りと債権者表綴りは一組だけになり裁判所と管財人事務所の間を行き来するようにしました。破産管財人が認否してから配当手続に入るまでに生じた債権の変動を反映した債権者表を改めて裁判所に提出する運用を始めました。認否表の転記と債権の変動を記載することがなくなり債権調査に関わる書記官の事務量が大きく軽減されました。

## 債権査定制度

青木　債権査定制度が導入されたことについて説明してください。

田山　債権調査において、異議が出されると、旧法では民事訴訟で債権を確定させる必要がありましたが、破産裁判所の決定手続で審理できるようになり、実情に即した解決が簡易迅速にできるようになりました。公租公課は債権調査の対象ではないため、優先破産債権であっても税務争訟をしなければなりません。

## 換価業務

青木　換価業務（破産者の財産を破産管財人が処分して現金に換える業務）はどのように行っていたのですか。

田山　現在は、破産手続開始と同時に破産管財人が換価業務に掛かりますが、旧法では、第一回債権者集会までは破産管財人の破産財団の換価処分を妨げる規定がありました。中立債権者だけでなく、破産債権者全員の平等な満足を図ることが課題であったため第一回債権者集会で選任された監査委員が破産管財人の換価等の行為に許可を与える建前になっていたからです。しかし、実際に監査委員が選任されることは稀《まれ》で、代って破産裁判所が管財人の行為に許可を与えていました。

青木　裁判所の許可はすべての場合に必要だったのですか。

田山　旧法によれば一〇万円以下のものを処分する場合裁判所の許可はいらないのですが、評価自体が問題であるということですべての場合に許可を必要とする扱いでした。その都度、許可申請書の余白に許可決定書を作成して許可申請書副本を使って謄本を発行するため非常に煩雑な事務でした。また許可申請書を事件記録に綴りこむ必要があるため記録庫に籠らなければならず、執務時間中は来客や電話応対のためできず残業をすることになりました。平成一一年頃一〇万円以下の財産の処分については包括許可決定をするように変わりました。さらに『六民番頭』（職場の問題を調整する人として親しみを込めて六民番頭と呼ばれた）川本浩之裁判官が改正倒産法の大阪意見をまとめる過程で平成一三年頃に一〇〇万円以下の財産などに拡張して包括許可決定をする扱いに変わりました。そして平成一四年に小規模管財を実施するようになってからは、ほとんどの事件について第一回の債権者集会までに換価を終了し、財産状況報告集会、破産廃止の意見聴取のための集会、任務終了計算報告集会をその日のうちに開催するようになりました。換価が終わっていない場合には集会期日が続行されました。その場合次回集会期日の指定を集会の場で行うため官報公告や個別通知は不要です。

青木　破産管財人は、どのようなことに配慮して換価業務を行うのですか。

田山　「より高く」と「より早く」という時に相反する要請を頭において行動します。在庫商品は、一括ではなく分類して個別に売却することによって高価に売ろうとすることがあります。時季を過ぎると価格が下がるし保管料がかかることもあります。それから手続の公正さに意を配っています。財団にとって重要な財産では入札を行うこともあります。堺支部の事件ですが、財団規模が小さいもので、破産者には金融会社に対する債権だけが資産といえるものでした。

その業者は財政事情が悪いため早期の回収は望めないと思っていましたところ破産管財人は一〇日位の間にその債権を売却しました。買受人は債権回収会社ではなく個人であったため不思議に思い、破産管財人に尋ねたところ、倒産メーリングリストを使い、債務整理をしている債務者の債権者に同じ業者がある事案を探し売却したと回答され感心したことがあります。インターネットの時代を象徴していると思いました。

前島　一〇〇万円以下の財産を処分する時も許可を求められることがあるのですが、どうしてですか。

田山　買主との関係、あるいは債権者との関係で必要があって許可申請がされることがあります。申請書に許可を求める理由が記載されているかチェックして下さい。ある財産が一〇〇万円以下かどうかは、合理的な資料や根拠に基づいた破産管財人の適正な評価額を基準とします。訴訟上の和解の場合は、訴訟物の価額が基準となります。

青木　不動産の任意売却の許可申請書の審査基準を教えて下さい。

田山　破産管財人はオーバーローンだから無価値（担保権者への弁済をすると一般債権者に配当する額が残らない）だとして放棄をせず任意売却を試みます。破産管財人には担保権者と交渉して、売却価格の五ないし一〇パーセント程度を財団に組み入れてもらえるよう交渉してもらいます。どのような事情があっても、財団組入れ額が売却価格の三パーセント下回る場合には許可しないでください。諸費用を控除しない売却価格の三パーセントです。管財人報酬計算の際にアップ率を決める重要な要素ですので交渉経過にも注意して審査して下さい。

前島　破産管財人から土壌に有害物質が含まれている不動産の処理について相談を受けているのですがどう答えたらよいでしょうか。

田山　有害物質を除去できる業者に処分を任せることができたらよいのですが、財団で費用の負担ができないこともあります。地方自治体に引き取ってもらうことも検討してよいと思います。議会の承認など手続きが必要ですから早めに打診しなければなりません。

青木　自動車の売却許可申請書の審査基準を教えて下さい。

田山　破産手続開始時点で登録名義が破産者名義であれば所有権留保契約があっても売却可能です。市町村への届け出る軽自動車については登録制度がないため占有が破産手続開始時に破産者にあるかどうかによって判断します。レッドブック(オートガイド自動車価格月報)によって価格の妥当性を判断します。

青木　売掛金の回収で注意すべきことは何ですか。

田山　訴訟提起のタイミングが難しいと思います。訴え提起の許可申請が出た場合に管財業務全体のスケジュールを確認する必要があります。又破産管財人が大幅な譲歩をして和解しようとするときは、合理的な理由が記載されているか注意します。支払条件は、一括かそれに近いものであることが必要です。長い分割にしてもそのために破産事件の終局を延ばすことはできません。

青木　破産財団に属する財産を破産者に売却することはできますか。

田山　執行の場合には、債務者は支払をすれば執行申立の取下げがされるからという理由で認められませんが、破産の場合は制限がないので理論上は可能です。事業用財産で自由財産とならない物について破産者が「買い受けて事業を続けたい」と言う場合があります。

## 配当手続

青木　配当手続は、旧法時代にはどのように行っていましたか。

田山　破産管財人は、配当可能な財団が形成されると収支計算報告書、報酬額決定上申、配当許可申請の「三点セット」を裁判所に提出します。中間配当の場合には裁判所は、配当率を決めますが、その後の財団形成の可能性を考慮したうえ最後配当を実施できる金額を残して配当原資の範囲を定め管財人報酬の額を決めます。裁判所の配当許可があれば破産管財人は配当公告をします。破産管財人は配当公告が官報に掲載されると直ちに除斥《じょせき》期間（期間内に届け出ないと権利を失う）の決定上申をします。除斥期間満了時までに債権届をしなかった場合や抵当権などの別除権を持った債権者が別除権を行使して満足を得られなかった額を証明するか別除権を放棄しないとその債権者は破産手続で配当を受けることができません。除斥期間を経過した後配当表に異議がなければ破産管財人は債権者に対して配当の通知を発します。最後配当の除斥期間は配当公告から二週間以上一カ月以内に決定しなければならないという条文があったのでうっかり徒過《とか》（法定の期間を守らない）するともう一度配当公告からやり直す扱いでした。この運用は迅速性を要求した法の趣旨に反する疑いがあります。現行法では、最後配当の除斥期間は二週間と決められて解決しました。

## 高速配当システム

青木　平成一四年一〇月に「破産法等の見直しに関する中間試案」が発表になりますね。同時期に民事局から通達が出て立法を先取りした運用を行いどのような法律的整備が必要となるかについて報告するように促されたと聞いていますが、これに対応した事務改善は行われたのですか。

田山　岡田満夫書記官の提案した高速配当システムがそうです。旧法時代の管財事件の処理として既に紹介しましたが、一つの手続から次の手続に移行するのに破産管財人の上申に基づき裁判所が決定するという進行でした。最後配当に関する除斥期間の決定の煩雑さに象徴されるように、配当手続を管理するのは大変困難でした。また配当許可を出してから配当表の提出までに時間がかかることがしばしばありました。高速配当システムは、配当公告の官報掲載を申し込んだ破産管財人に掲載予定日を官報局に確認してもらい、裁判所が最後配当に関する除斥期間を配当公告掲載予定日の翌日から一四日間と決めます。そして任務終了集会の期日を打ち合わせます。事務の段階ごとに期限を定めて、裁判官と書記官と管財人が共有することによって、進行管理に役立てて配当業務に要する期間を大幅に短縮するもので画期的でした。平成一五年一月から通常管財全体に高速配当システムが取り入れられました。

青木　配当額が僅少な場合の処置はどうしていましたか。

田山　法律上は、破産債権者が破産管財人の事務所に行って配当金を受領します。そこで破産管財人が破産債権者に送金するときは振り込みの費用は配当金から差し引くのが建前です。配当金の額が振り込み費用より少ないときは送金することができません。そのような場合には現金に換えて郵便切手を送付していました。平成一五年頃振込手数料を配当金から差し引く扱いを変更し財団から出すようにしてからは現金で配当を行うようになりました。この運用は現行法になって、配当額が一、〇〇〇円未満となる場合に受領意思届出制度が導入されても変わりません。受領を望まない債権者を除いて配当表の作り直しが必要で複雑な手続となり過誤の原因になるという理由でした。スーパーの破産でレジの混雑回避のためポイントカードを使い端数の支払いに役立てるシステムを採用しているケースがありました。破産すると解約によって少額の破産債権者が多数発生しました。

前島　配当付箋について説明してください。

田山　現在は、債権者表に破産管財人の職印を押して、配当表の記載を引用していますが、以前は、破産管財人弁護士の事務員が書記官室に来て、小さな紙片を債権表ごとに貼って職印で契印をしていました。証書用の配当付箋もあり、貼る対象となる書面が現在よりはるかに多かったのです。債権表に配当付箋を貼るのは執行文付与の際に二重執行がなされないようにチェックするためですが、費用対効果を無視していたと思います。実際執行文付与の申立は四年に一回くらいしかありませんでしたから、一度も経験していない書記官が少なからずいました。

## 任務終了計算報告集会

青木　任務終了計算報告集会はどのように行っていたのですか。

田山　破産管財人から任務終了計算報告書及び任務終了計算報告集会召集上申が提出されると期日打ち合わせを行って、任務終了計算報告集会期日の指定決定をして官報公告を嘱託します。債権者の関心は薄く、著名事件以外では出頭する債権者はいません。最初は、破産者及び代理人弁護士を呼んで債権者出席していなくても集会を実施していましたが、破産管財人だけになりました。出頭債権者があれば破産管財人から説明してもらいますが、裁判所は積極的関与を行いませんでした。

## 破産廃止意見聴取集会

青木　廃止集会の場合には、どのような違いがあるのですか。

田山　廃止について意見聴取がなされること、廃止決定に対する即時抗告の機会があることが配当終結とは違います。しかし、廃止に反対するということは、さらに財産を見付けて回収することであり時間と費用を要することになります。不満はあっても廃止を認めて損金処理を行い税金の還付手続きを取ることを選ぶという場合もあり得ます。従って廃止の場合も債権者の関心は薄く、次第に関係者の出頭を求めない「カラ期日」にする運用に変わっていきました。

## 管財人の税務

青木　破産管財人は税務申告をする必要がありますか。

田山　破産管財人は、就任後任務終了に至るまでの間に、様々な租税について税務申告を行う必要があります。とりわけ法人破産事件において的確な税務申告に基づいて納税や還付の手続を行うことは、破産管財人の重要な責務の一つといえます。破産管財人は、必要とされる税務申告を怠ることのないよう十分に注意する必要があります。

青木　源泉徴収や特別徴収していた住民税の処理などに関しては、どのようなことに留意すべきですか。

田山　破産手続において破産管財人が所得税法所定の一定の支払いをする際には、所得税の源泉徴収義務を負う場合がありますので、源泉徴収を怠ることがないよう、この点も留意が必要です。なお、破産法人の従業員の住民税が特別徴収されていた場合の対処についても、円滑な実務処理が期待されるところです。

## 事務改善と法改正

青木　旧破産法の不都合が露呈していたわけですが、最高裁判所が破産法改正に向けて活動を開始した時期はいつですか。

田山　昭和六一年頃からではないかと思います。遅くとも同年三月末には東京地方裁判所民事第二〇部と民事局の間で協議が始まっていました。小破産に代わる制度を考えていたのだと思います。と言いますのは、私は昭和六一年三月三〇日に最高裁判所事務総局民事局の森光春局付判事補の要請で小川毅総括主任に伴われて出張しました。年度末の繁忙期でしたが、総務局に対してトスワードによる入力スピードを検証したデータを用意し、民事局向けには、中川茂樹事務官の作成による「破産処理システム」のプロトタイプのパソコン用プログラムを持参しました。職員の面前でパソコンによる事件管理のデモンストレーションを行いました。その晩、植田康夫民事局長や吉田成幸第一課長他民事局の職員の面前で東京地方裁判所民事第二〇部の裁判官二名と小破産が使われない理由とどのような改正が必要か議論しました。管財事件の大部分は、収集財団が少なく配当できる財産がないために破産廃止決定をするかまたは配当が可能な事案でも確定破産債権に対して一割に満たない配当しかできない事件だったのです。長い間簡易迅速に進められる手続が待ち望まれていたのです。

## 少額管財

青木　それは苑田靖裁判官の提唱した少額管財と関係がありますか。

田山　大いに関係していると思います。小破産は、破産財団の額が一〇〇万円以下という縛りがあるうえ、公告方法を簡略化しているが、第一回債権者集会と債権調査期日以外の必要な任務終了計算報告集会、廃止・終了集会等を個別に開かなければならず手間は通常と変わらないため全くといってよいほど利用されない現実がありました。少額管財は、前倒しですべての期日を同じ日に開催することにより最短四カ月で手続終了に至る点で画期的だったのです。それまで破産事件は最短でも配当事案で二年間、廃止事案でも一年かかっていました。それは、破産管財人が手続の進行に沿って期日開催を上申して裁判所が決定し官報公告を行うという手順で進行しましたから官報掲載にかかる期間は、累積的に増えていきました。債権者申立の場合は、債務者の非協力的なことが予想され当初から破産財団の状況が判明していることは稀だったのに対し、自己破産の場合は初めから把握可能な状態にあります。というのは債務者が裁判所や破産管財人に対して虚偽の報告をすると免責が認められないという担保があるため破産申立書の内容に基づいて前倒しで手続を進行させることが可能なのです。

青木　大阪での少額管財の導入の経緯を説明してください。

田山　私が初めて少額管財を知ったのは、平成一〇年の名古屋における破産事件担当書記官事務打合せ会、通称八庁会の懇親会でした。隣の席の名古屋地裁の裁判官から東京の苑田部長の構想として聞いたのが最初です。

青木　大阪として具体的に動いたのはいつですか。

田山　東京が平成一一年四月から少額管財を試行していたのに対し、大阪は、長い間同時廃止の事務改善を行い、管財事件の内一定のものを同時廃止事件に落としていくという発想で管財事件の事務処理改革は破産管財人に納期を意識させるという段階にとどまっていました。そして手続自体を簡易迅速にするという動きは他庁が既に行った改善策を後追いで進めているに過ぎない状態でした。少額管財の導入を内部で議論したのは平成一三年の暮れです。平成一四年一月九日に大阪弁護士会との間で第一回目の破産事務意見交換会を開催して対外的に弁護士会の協力を求めました。破産事務意見交換会は、一〇年後に再生ワーキングと統合されて倒産事務意見交換会となっています。書記官三名が出張し、東京地方裁判所第二〇民事部の三名の裁判官が一室で同時並行的に三件ずつ多数の事件の債権者集会を進める「スリートップ方式」の債権者集会を見学し、裁判官のレクチャーをうけて帰って来ました。それから同時廃止係の中に「B管財」プロジェクトチームを立ち上げ準備をしました。

青木　当初は同時廃止事件のうち比較的複雑な事件について二〇万円の破産予納金でスタートする運用だったと聞いています。これは通常の管財事件が最低でも五〇万円だったのと比べるとかなり低い水準ですね。破産管財人の報酬が低額に抑えられることに対して大阪弁護士会の反応はいかがでしたか。

田山　裁判所は、「東京の少額管財に倣い大阪でも小規模管財を実施します。低廉な管財人報酬となりますが、調査を中心とし、明渡しや煩雑な換価業務はありません。」と説明し弁護士会の了解を求めました。東京では予納金の納付を債権者集会期日まで猶予し、報酬確保のために一人の弁護士に複数事件を依頼する運用でしたが、大阪は破産宣告までに裁判所に対して納付してもらうことにしました。その後運用実績を重ね現在では申立代理人から破産管財人に直接引継予納金として交付されています。当時協議委員だった弁護士約二〇名に限定して試行するということでスタートしました。やがて一〇〇名、二〇〇名と候補者の範囲を広げました。その後、「B管財」、「小規模管財」は原則的な処理となり「一般管財」という呼称になりました。「A管財」、「通常管財」は、「個別管財」と呼ばれるに至っています。「個別管財」で取り扱われる主な事件は、債権者数二〇〇人以上の事件や債権者申立の事件です。債権者数五〇〇人以上の事件は、「大型事件」として扱われます。「D管財」とも呼びますが、第二の豊田商事事件、「大和《だいわ》都市管財」の事件から来ています。

## 法人併存型

青木　法人の事件についても小規模管財を実施するようになった経緯は、どういうことだったのですか。

田山　法人の同時廃止も検討はされましたが、なかなか踏み切れませんでした。通常管財係で法人の小規模管財を検討しました。東京が法人代表者と法人をセットで二〇万円の破産予納金で実施している実績がありました。それまでも法人代表者を同時廃止すると、法人が放置されるという実態があったのです。破産宣告があると法人と代表者の間の委任関係が終了し代表者が資格を失ってしまい法人を代表して破産申立をする者がいなくなるのです。自己破産の場合に代表者交替を決議できないときや債権者申立の場合には、手続の遅延を避けるため特別代理人を選任する必要があります。平成一七年制定の会社法では破産は取締役の欠格事由となっていないが、破産した取締役は株主総会で選任しなおす必要があると解されています。そのうえで代表取締役の選任をします。法人に対する債権者も宙ぶらりんの状況は不都合だろうから裁判所としても何とかしなければという意識はありました。しかし、それまで法人の管財事件の破産予納金は最低一〇〇万円でしたからハードルはかなり高かったのです。東京のように登記簿謄本や計算書類だけというのではなく、申立書一式を申立代理人において作成する方式を採用しました。ところが、調査事務自体を申立代理人がやるのか破産管財人がやるのかで紛糾する場面がありました。裁判所内部でも法人の破産申立の定型書式を作るのに慎重な意見がありました。トラブルを招くという「抵抗勢力」の主張に反して弁護士の中には法人についても小規模管財を積極的に進めてほしいという要望があり、それに応える形で法人のための定型書式を作成しました。現在では、二〇万円プラス郵便切手代替額五、〇〇〇円の引継予納金で法人とその代表者をセットで管財事件にする「法人併存型」の運用がされています。法人と代表者は、一緒に破産事件として処理しなければ解決できない局面は多いのです。これは、堺支部の事件なのですが、個人の破産事件が先行して係属（事件が申立てられて審議対象となる）した事件で破産管財人が法人代表者である破産者宅に行って、金庫の鍵を開けさせて中を調べたところ、銀行の帯封が付いた現金が約四、〇〇〇万円出てきた事件がありました。聞いていなかったと申立代理人は辞任してしまいました。法人から流失した財産を否認権行使によって回収したいと考えた破産管財人は、破産者を説得し自身が代表を務める法人についても破産申立をさせようとしたのですが病死してしまいました。

辞任した中立代理人も巻き込んで亡くなった破産者の妻を代表者に就任させ、破産管財人が法人に対して債権者中立で破産の中立をしました。

## 留保型

青木　大阪の一般管財に特徴的な運用は、一つ目は、集会などの同時招集、二つ目は、スリートップ方式の採用、三つ目が、「留保型」ですが、どんな経緯で始まったのか教えて下さい。

田山　東京の少額管財では、破産債権届出書の送付は、債権者から直接破産管財人事務所宛てになされていました。大阪でも検討しましたが、弁護士会側は事務所によってばらつきがあって適切な処理がなされる保証をできないという反対意見を出しました。そこで配当財団が形成される見込みができるまで、債権届出期間及び債権調査期日の指定を留保して「追って指定」とする運用を岡田書記官が考案したのです。「留保型」は、当初「C管財方式」と呼ばれていました。大阪は債権届出を訴えと同視していますから、東京と違って商業登記簿謄本、登記事項証明書の添付を要求します。配当の有無が不明確な段階からこれらの書類を用意しなければならないとすると債権者に不必要な負担をかけることになります。それまでも債権者集会に出頭した債権者から、「配当の可能性がないことが分かっていたら債権届をしなかったし、債権者集会に出頭することもしなかった」という不満の声が漏れていました。

青木　留保型に対する裁判所内部の反応をいかがでしたか。

田山　債権者だけでなく、補正指示をする破産管財人の事務所や裁判所の事務負担を軽減できることから採用の方向で検討されました。しかし、これについても「抵抗勢力」は、財団が形成されたら第一回債権者集会からやり直し法定決議もしなければならないから却って手間がかかると反対しました。留保型は、配当が可能となった段階で留保していた債権届出期間と債権調査期日を決めるだけで、初めからやり直すわけではないことを説明して、租税など財団債権が多いために異時廃止になる見込みの事件から実施しました。その後配当可能性が不明な事件に対象を広げて行きました。それに合わせて配当手続の簡易迅速化も検討されました。留保型採用の結果郵便物がそれまでの約六分の一になり仕分けなどにかかった事務量の大幅な削減が実現しました。その後留保型は現行法によって法的根拠を得て広く実務として定着しています。

## 債権調査後倒し方式

青木　一般管財に特徴的な運用として四つ目に、「債権調査後倒し方式」の採用がありますが、これについていかがお考えですか。

田山　名前に問題があると思います。破産管財人は、早い段階から破産債権の検討に取り掛かり債権者と交渉する必要があります。これを怠ると配当直前になって債権査定手続や、破産債権確定訴訟をしなければならず手続の遅延につながります。調査後の債権の譲渡、取下げなどの変動を債権者表に反映させる手間を少なくするのが目的ですから、債権調査期日の実施を後倒しにする趣旨であることを取り違えないでほしいと思います。

## 簡易配当

青木　一般管財では簡易配当がなされることが多いのですが、どんな経緯で始まったのですか。

田山　簡易配当は、最後配当と比較して、債権者への通知方法を個別通知に限定して配当公告を行わず、除斥期間を二週間から一週間に短縮し、配当表に対する異議申立についての裁判に対して即時抗告を認めず、配当額を定めた場合の債権者への個別通知を省略するなどの方法で実施される簡易迅速な手続です。旧法には厳格な最後配当だけが規定されていたのですが、東京では少額管財において「簡易配当」を行っていました。それは配当原資が小さい場合に厳格な最後配当手続によらずに裁判所の監督の下破産管財人が配当表に基づいて債権者に同意を得たうえで分配するものです。配当公告や最後配当の除斥期間の決定はされません。破産廃止に関する意見聴取期日を開きます。異議がなければ任務終了報告集会を開催して廃止決定をします。廃止確定後破産管財人が債権者に対して送金します。破産管財人が自分の報酬の一部を破産手続終了後に分け与えるという技巧を用いて説明されました。これに対し、大阪は、平成一四年一二月六日に中間試案を基に「簡易分配マニュアル」を策定して取り組みました。そして簡易配当を裁判所の許可による和解契約であると解し、破産管財人の行為によって発生した財団債権として随時弁済を行いました。それまで破産法が債権調査や配当の手続を定めているので破産債権について和解はできないという見解が支配的でした。大審院（現行憲法以前における最上級の裁判所）には監査委員の同意があっても和解はできないという決定があります。しかし、同じ大審院に裁判所の許可なく破産管財人が破産債権者の全員と和解しても無効であるという決定もあるのです。これらを合理的に解釈すると、個々の破産債権者と破産管財人が和解契約を結ぶことを認めると破産債権者の間の平等を実現するのが困難になるために債権調査や配当の手続を必要としたと考えられます。平等を害さないならば破産債権も私権である以上処分は自由だという原則は否定できないでしょう。監査委員は債権者又は債権者の推薦を受けた者から選ばれることが多いため利益相反を生じるのに対し裁判所は利害関係がなく公正に審査して許可を与えることができます。破産管財人と破産債権者との和解契約は、裁判所の許可があれば有効と認めることは可能です。

青木　現行法になってから東京と大阪で簡易配当の運用で違いはあるのでしょうか。

田山　大阪では配当原資が一、〇〇〇万円以上の場合にも配当時異議確認型が採用されるのに対し、東京では、少額型以外は開始時異議確認型、配当時異議確認型ともに実施されていません。開始時に異議がないか確認しても少額型で認められると無駄になるとか、後に配当できない場合に債権者の期待を裏切り不満が出るという理由です。配当時異議確認型は、最後配当手続が旧法に比べると簡素化、迅速化がなされ初めから最後配当を実施した方が手続的にも安定しているという理由です。

## 同意配当

青木　簡易配当のほかに同意配当が定められているのはどうしてですか。

田山　同意配当は、届出をした破産債権者の全員が、管財人が定めた配当表、配当額、配当の時期及び方法について同意している場合に限るのですが、除斥期間、配当表に対する異議申立期間等設ける必要がないため一層迅速に配当が実施できるからです。大阪で債権者数が少ない場合に行う簡易な配当手続を試行しました。大竹洋次郎弁護士が破産管財人として初めて実施した事案が立法を先取りしたものであったと理解しています。

## 債権者集会非招集型手続

青木　現行法が施行された以後の状況と採用された運用について説明してください。

田山　平成一七年頃の破産事件受理数は横ばいないし減少傾向で推移していましたが、平成二〇年秋のリーマンショック以降の世界同時不況の影響で事件数は一時増加したものの平成二一年一二月四日から中小企業向け融資の返済を猶予する「中小企業者等に対する金融の円滑化を図るための臨時措置に関する法律」、略して金融円滑化法が施行され倒産が一定程度抑制されたといえます。金融円滑化法は、平成二一年三月に東日本大震災が起きたことによってその対処のため存続期間が二度にわたり延長され終了後も弁済猶予の姿勢は維持されました。管財事件の運用においては、平成二二年一月から労働債権について一定の場合に債権調査手続を経ず和解契約で弁済を認める合理化を図りました。また平成二三年一月からは報告内容を送付して集会を開催しない「債権者集会非招集型手続」が導入されました。それまでも「D管財」では債権者集会非開催型が採用されることがありました。

青木　大型以外どのような事件で非開催型を採用しているのですか。

田山　破産の申立に当たって、この非招集型手続で取り扱われることについて異議がないという意見が述べられた事件の中で、第一回集会での廃止が見込まれ、かつ、債権者集会を招集しても債権者の出頭が皆無と見込まれる事案です。

青木　非招集型の実施状況は、どう程度だったのですか。

田山　平成二六年度に申し立てられた破産管財事件のうち、非招集型で進めることに異議がないと申し立てられた件数は一三七件、実際に非招集型として開始された事件総数は二九件で、これは管財事件の総件数の約一・四八パーセントだったと聞いています。

## 集団債権者集会

青木　集団債権者集会についても教えて下さい。

田山　平成二三年二月から試行されているもので、当日異時廃止で終了が予定され債権者の出頭がないなどの要件を満たす債権者集会について、同じような事件の関係者を一堂に集めて、一名の裁判官で複数の集会を一度に開催するという、イメージ的には集団免責審尋のようなものです。

## 一般管財のプロパー申立と割替えの比率

青木　一般管財には、プロパーの申立と、他の手続からの割替《わりか》え（事件を扱う係、担当者が変わる）があるのですが、その内訳はどのように推移したのですか。

田山　平成一九年八月から平成二一年七月までの間統計を取ったところ、月によって多少の変動があるのですが、平均で、一般管財プロパーの申立てが八七・七パーセント、同時廃止からの割替えが一二・三パーセント、個別管財からの割替えは〇パーセントとなりました。

青木　同時廃止からの割替えの理由はどういうことでしょうか。

田山　個人事業主の場合、法人代表者の場合、資産の有無などを調査する必要がある場合、否認対象行為に当たるか否か調査する必要がある場合、裁量免責を得るために調査などが必要な場合があります。二〇万円を超える資産があり破産者が自由財産拡張制度の利用を望んでいる場合があります。

## 自由財産拡張制度

青木　現行法になって自由財産拡張制度が導入されたことについて説明してください。

田山　破産財団に入らず破産者の手元に残される財産を自由財産と言います。自由財産には法律上の差押禁止財産、性質上差押対象外財産や民事執行法上の差押禁止金銭の一・五倍相当額の金銭以外に裁判所が拡張を認めた財産が含まれます。自由財産拡張制度は、申立人が財産目録にチェックを入れると現金を含めて九九万円までの範囲で破産管財人の意見を聞いて裁判所が債権者集会までに決定する運用を行っています。なお、定型以外の財産については必要不可欠性が認められないと拡張不相当（自由財産と認められない）となります。棄却する場合を除き黙示的《もくし》（表立って行なわない）になされ決定書は作らない扱いです。中立までに回収した過払い金や治療中の場合の医療保険の解約返戻金や通院に不可欠な車両など事案に応じて認められています。自由財産拡張制度と免責は全然別の制度ですので、免責不許可事由があることは考慮すべきではありません。

青木　同時廃止の場合は、どうなるのですか。

田山　破産管財人が選任されておらず自由財産の拡張は認められません。しかし、現金については、九九万円まで自由財産と認められています。直前現金化は元の財産が残っているとして処理していますが、反対意見も有力で未だに議論が続いています。

## 担保権消滅許可制度

青木　担保権消滅許可制度が導入されたことについて説明してください。

田山　担保権を持った債権者は、破産債権者が平等に弁済をうけるという原則の例外として扱われ破産手続外で担保権の実行をして担保の目的物から優先的に弁済をうけることができます。しかし、担保目的物も破産財団を形成する財産ですから破産債権者からすれば自分たちの寄与分も含まれているので清算をうけたいと考えるのが当然といえます。財団増殖のために破産管財人が担保権者の譲歩を迫る武器が担保権消滅許可制度です。後順位担保権者に対する「判子代」を不要にした意義もあります。売却価格に不満がある担保権者の対抗手段は買受の申出ができることです。担保権消滅が許可されると売却代金から財団組入れ額を控除した額が裁判所に納付され担保権者に配当します。納付金の受入、配当表の作成、配当実施は書記官の業務です。この制度は「伝家の宝刀」であるが、「両刃の剣」(担保権者に対抗手段を認めている) でもあるので破産管財人には慎重に扱ってほしいと思います。

## 否認の請求

青木　否認権行使について、説明して下さい。

田山　行使の手段として否認の請求ができました。旧法では、訴えまたは抗弁によらなければならなかったのですが、否認訴訟が管財事件を長期化する一因になっていました。民事再生、会社更生ではすでに否認の請求もできるようになっていましたから決定手続きを導入することによって早期解決を図る必要から破産でも否認の請求が新設されました。

青木　破産管財人は、否認権の行使に当たって、否認の請求と否認の訴えをどのように使い分けるのですか。

田山　まず否認の請求を検討すべきだと思います。否認の請求は、破産事件の担当裁判官が審尋によって簡易迅速に審理を行います。また、和解を試みることも可能です。そして、手数料が要りません。相手方が争いようのない事案や、早期の和解成立が見込まれる事案は、否認の請求が適しています。これに対して、相手方との間に鋭い対立があって、差し当たり和解成立の見込みがなく、また、否認の請求を認容する決定が出たとしても相手方が異議の訴えを提起することが目に見えているというのであれば、最初から否認の訴えを提起した方が早いといえます。否認の請求で審理をして、決定をした後に、異議の訴えに移行しますと、主張立証も全てやり直しということになります。

青木　事例がありましたら紹介して下さい。

田山　堺支部の事件で破産者が申立直前に内縁の妻に不当に安い対価で事業譲渡して、自分は従業員として業務を行っているという事案がありました。破産管財人候補には、実は破産予納金が少ないので訴訟はできませんが、と打ち明けて依頼しました。破産管財人は、否認の請求を行い、裁判所で内縁の妻との話し合いの場を設けました。その後破産管財人は交渉を重ね、その親族から借り入れをしたお金で破産財団に相当額の組み入れをしてもらう話をまとめ早期の履行を得て事件を終了しました。

前島　給与債権が差し押さえられたケースで、執行申立は支払停止前だが、満足を得る行為が支払停止後である場合否認対象行為となるのは中立行為か、配当受領行為でしょうか。

田山　配当受領時を基準に考えるべきだと思います。

## 破産管財人OJT

青木　裁判所が選任する破産管財人について人材育成の取り組みはどのようなことをしているのでしょうか。

田山　平成二四年四月から大阪弁護士会が行う破産管財人ＯＪＴ（経験がある弁護士がチューターを務めます）に裁判所として協力をしています。

## 明渡《あけわたし》費用準備の負担軽減

青木　明渡未了の事業用賃借物件がある場合業者作成の明渡費用見積書の提出を求め見積額を引継予納金に上積みすることを求めたうえで破産手続開始決定をしていたが、明渡の費用が多額になって申立ないし破産手続開始が困難になる場合の対策はあるのですか。

田山　平成二五年一月から引継予納金を明渡未了の事業用物件が一つの場合五〇万円以上、三つまでの場合一〇〇万円以上用意できれば一般管財として破産手続開始決定を行うことができる、同一敷地内にある倉庫物置立体駐車場などの付属物件は独立してカウントしない、という運用を始めました。

## 債権調査未了で破産が終了した場合の訴訟中断の処理

亀山　私は、最近まで通常部にいたのですが、金銭消費貸借返還訴訟の被告が破産して中断した訴訟があり、第六民事部に進行を尋ねたところ債権調査を留保していると言われました。破産事件が認否しないまま終了した場合訴訟はどのようになるのでしょうか。

田山　破産者が個人であれば免責確定により、法人であれば破産廃止確定または破産終結により訴訟は当然終了となると考えられます。管理処分権を取り戻した本人に受継を求めまた清算人の選任をして、取下げに同意してもらう必要はないと思います。個人の場合は自然債務となり、法人の場合は消滅して債務の主体が不存在となるため法的な追及ができないと解されるからです。

## 破産開始後の債務者死亡

木川　破産開始後、破産者が死亡した場合の処理はどうしたらよいのですか。

田山　相続財産の破産になり、そのまま進行します。破産者の表示は、『被相続人○○相続財産』となります。自由財産の拡張はできなくなります。

# 第三章　同時廃止事件関係

審尋

# 第三章　同時廃止事件関係

## 定　義

青木　同時廃止事件というのは、どういうものをいうのですか。

田山　債務者の財産が極めて少ないために、破産管財人を選任して手続を進めても管財人の報酬すら払うことができない金額しか集まらない、具体的には二〇万円以下であるため、破産開始決定と同時に破産手続の廃止決定をするものをいいます。

青木　同時廃止事件の中立件数の動向について説明をお願いします。

田山　バブル崩壊の影響が出た平成二年以降カード破産による激増期を経て平成八年以降「大倒産時代」が到来して平成一五年までは中立件数が増加しましたが、同年受理件数が一万四一六〇件になったのをピークにそれ以降リーマン・ブラザーズ・ホールディングスの経営破綻があった平成二〇年まで減少を続け、平成二一年には増加に転じる兆しが見えましたが、その後は緩やかな減少傾向が続いています。その背景として平成一八年一月にグレーゾーン金利に関する最高裁の判決が出て過払金の返還による任意整理が進んだことやその後出た収入の三分の一を超える貸し付けを認めないという総量規制によって多重債務自体が減少に転じたことが考えられます。もっとも闇金の利用が増えていて破産中立はなされないが、多重債務による経済的破綻自体は変わりがないという見方もあります。

青木　同時廃止は、例外ということですが、実際には数が多いのですね。

田山　同時廃止が占める割合は、当初破産事件全体の約八五パーセントでしたが、小規模管財導入後約七〇パーセントになりました。

## 申立書審査

青木　同時廃止の審査は、どのようなことに注意したらよいのですか。

田山　まず破産手続を開始する原因となる事実、個人の場合は支払不能があるかどうかです。支払不能は、債務者が、支払能力を欠くためにその債務のうち弁済期にあるものにつき、一般的かつ継続的に弁済できない状態です。財産、信用、労務による収入を総合的に判断します。債権者一覧表の債務総額、財産目録の資産総額、所得証明書や家計収支表などを主たる資料として判断します。支払不能は、支払停止によって推定されます。支払停止は、弁済能力の欠乏のために弁済期の到来した債務を一般的かつ継続的に弁済することができないことを外部に向かって表示することです。自己破産の申立自体が支払停止に当たります。弁護士や司法書士が受任して債務整理開始を通知することも支払停止に当たります。次に同時廃止要件、

「破産財団を持って破産手続の費用を支弁するのに不足すると認めるとき」です。三番目に破産障害事由の不存在です。民事再生を申し立てていることなどがこれに当たります。四番目は、免責不許可事由の不存在又は裁量免責が認められるべき事由の存在です。破産申立をすると特に反対の意思表示がないと免責の申立もあったと看做されます。そこで、免責不許可事由の有無及び裁量免責の拒否についても申立の当初から審査されます。五番目は書面によるものであることです。

青木　申立の適否及び破産手続開始の要件の存否について、口頭弁論を経ないで審理できるのですね。

田山　はい。裁判所は、職権で調査ができます。破産手続開始原因、同時廃止要件については、証明を要するとされていますが、自己破産申立の場合には異論もあります。

## 同時廃止と管財の振り分け基準

青木　同時廃止の基準の二〇万円以下について詳しく説明してください。

田山　二〇万円以下という基準は、私が第六民事部に初めて勤務した昭和五九年一月当時も同じでしたから一般管財の予納金が二〇万円以上であることとは直接関係がないと思います。おそらく二〇万円以下の場合換価の手間からいって財産的価値が認められないと考えられたのではないでしょうか。財産目録の項目ごとに検討した場合にそれぞれが二〇万円以下であれば、同時廃止を認めてもよいということです。

青木　財産目録の項目について、全て額面額で評価されたのですか。

田山　多少変遷があります。例えば普通預金は、二〇万円を超えると按分弁済の対象とされていましたが、平成二〇年四月に現金と同視する扱いとし、合計で九九万円まで按分《あんぶん》弁済（債権金額の割合に応じた額の弁済）をしなくてもよくなりました。退職金は、昭和六〇年当時任意で全額破産財団に入れる扱いでしたが、次第に減少し現在は八分の一になっています。差押禁止の四分の三を除いた四分の一に不確定要素を考慮して二分の一を掛けたためです。定年間際の場合は四分の一が按分の対象と評価されます。敷金の場合は居住目的の場合には原状回復のため六〇万円が控除されます。居住目的でない場合は査定によります。不動産については市況が右肩上がりの時代は、固定資産の評価額に対して被担保債権の残額が二倍を超えればオーバーローンで無価値であるということだったのですが、バブル崩壊後は被担保債権の残額が固定資産評価額の一・五倍を超えるか、その割合が一倍を超え一・五倍までの場合でかつ被担保債権の残額が査定書の評価額を超えるか二つの基準のいずれかを満たした場合と変わり、不動産市況の回復の兆しが見えた平成二〇年一月からは被担保債権の残額が固定資産評価額の二倍を超えるかその割合が一・五倍から二・〇倍までの場合でかつ被担保債権の残額が査定書の評価額の一・五倍を超えれば無価値とする扱いになっています。グレーゾーン金利に関する過払い金の取扱いについては、同時廃止は平成一八年に基準を明らかにし、翌年には管財事件についてもそれに沿った変更を行いました。調査対象は、中立時から八年前の一月一日以降に取引が始まったものです。調査の結果、額面額が三〇万円以上になる場合は管財事件に移行します。

## 按分弁済

青木　管財移行を希望しない場合はどうしたらよいのですか。

田山　申立代理人が特に希望する場合はその額面額を按分弁済し、又は、実際の回収額から相当な範囲の回収費用・報酬を控除した額を按分弁済することによって、同時廃止することを特例として認めます。額面額が合計三〇万円未満の場合、又は、回収したうえでの按分弁済額が二〇万円未満になる場合には、いわゆるダブルスタンダード基準に抵触しない限り、按分弁済なしでも、同時廃止決定をします。他方では管財事件において、過払い金は一定の要件を満たした場合に自由財産拡張の対象となります。

青木　財産目録の項目ごとに回収額を審査して同時廃止基準をあてはめるとして、現行破産法では、現金であれば九九万円まで自由財産と認めていますが、それとの関係はどうなるのですか。

田山　同時廃止では、現行法になって採用された自由財産拡張制度を認めていません。破産管財人の意見を聞くことができず前提を欠いているというのが理由です。しかし、同時廃止であっても現金及びそれに準じる普通預金については九九万円まで自由財産と認められます。そうすると申立直前に定期預金や生命保険を解約して現金化するということがあるので、そういうものについては元の財産が残っているものとして自由財産とは認めない扱いをします。その場合「有用の資」に充てた分は按分弁済の対象とはしません。「有用の資」とは、中立費用、生活費、医療費、転居費用、葬儀費用、学費などです。そして先ほど申し上げたように財産目録の項目ごとに検討して二〇万円以下のものであってもその合計が当初六六万円、その後九九万円を超えたらだめですよというダブルスタンダードを設けました。

青木　財産目録の項目の一つでも二〇万円を超えるものがあると同時廃止は認められないのですか。

田山　大阪では申立人において按分弁済をして財産がない状態を作り出したなら同時廃止を認め

ます。その際按分弁済をするのは二〇万円を超える額ではなく全額になります。債務者の財産の合計が二〇万円から一〇〇万円までの間については、申立人は、自由財産拡張のため管財移行するか按分弁済して同時廃止を受けるかを選択することができることになります。もっとも按分弁済は法的根拠がなく不透明であるという意見も有力です。それにもかかわらず按分弁済をして同時廃止を認める運用が続いてきた理由には、それこそ「倒産文化の違い」、東京の債権者は「情報の配当」（現金よりも事実を知ることを重視）で満足するのに対して、大阪の債権者は「誠意」（現金を重視）を要求するという背景があります。

## 債務者審尋

青木　旧法時代には債務者審尋が行われていたのですか。

田山　平成一三年頃までは全件行っていました。同時廃止の申立権というのはないので裁判所の職権の発動を求めるために「同時廃止に関する上申書」の添付が必要でした。破産の申立があると受付審査をして、破産原因があると考えられる場合に債権者に対して裁判所から回答書付きの書面を郵送して意向聴取を行っていました。同時廃止に反対する債権者は、破産予納金五〇万円を納めて、破産管財人をつけて調査することを裁判所に求めることができるがどうしますかというものです。債権者から同時廃止に対する反対意見がないとなって、債務者審尋を行います。それから破産宣告をします。債権者意向聴取は労力の割に成果の少ない手続でした。却《かえ》って債権者を怒らせるだけというケースも多々ありました。

## ＯＡ化による事務改善

青木　最初の改革は、どういうことだったのですか。

田山　サラ金破産の増加が顕著になった昭和五九年一月から同時廃止が独立の係、当初六係と呼ばれたが後に一〇係になってからはワープロによる差し込み印刷機能を使った効率的な事務処理が行われたことは既に申し上げましたが、平成二年以降のカード破産が増えた時期を経て、平成七年にはそれがパソコンによるシステムに進化しました。事件の担当係と進行状況を画面で見ることができるようになり、電話応対などが容易になりました。

## 債権者意向聴取の廃止

青木　次にどのような改革がされたのですか。

田山　平成八年以降の「大倒産時代」と呼ばれる時期を経験し、平成一一年に裁判所による債権者意向聴取が廃止されました。申立の前に申立人側で債権調査票を債権者に送り意見を記載してもらって返送を受け申立時に債権者一覧表の添付書面として裁判所が提出を受ける方式に変わりました。この時期に、それまで管財事件に配填されていた、法人代表者や個人事業者、不動産所有者も一定の要件を満たすことを条件に同時廃止事件の申立対象になりました。

## F方式

青木　次にはどのような改革があったのですか。

田山　平成一二年以降F方式の採用がありました。Fというのは、元はファーストの意味で、Fチームの書記官が債務者審尋の席で裁判官を補助して発問し、その場で申立人代理人から回答を得ることによって、補正書面の提出を待つことなくその日の午後五時に破産宣告を実施する方式です。一般的に口頭審査が申立から一カ月を目安に開かれるのに対し、Fは二、三週間で開かれていました。

## S方式

青木　その次に、書面審査を行うようになったのですか。

田山　平成一三年頃織田康信書記官が中心となって定型書式を作成しました。定型書式は、債務者にチェックシートや標準資料一覧表の作成を求め効率的な手続選択の促進や受付審査を容易にする方策です。それを基に平成一四年四月にS方式が採用されました。Sというのは書面審査の略で口頭審査を開かないものです。

青木　書面審査事件とされるのはどういうものですか。

田山　S方式の対象となる事件は、導入当初、中立代理人が付いていること、住宅ローンと保証債務を除いた実質負債が五〇〇万円以下であること、不動産を所有していないこと、現在又は中立前六カ月以内に事業を営んでいないことなどが要件とされました。平成一五年一〇月以降は、本人中立でないこと、実質負債が一〇〇〇万円以下であること、現在法人代表者や事業者でないか生活保護受給者あることとされています。S方式は、口頭審査を実施することなく書面審査だけで破産宣告、現行法の表現では破産開始決定を実施します。

## 即日審査

青木　そして即日審査が始まったのですか。

田山　平成一五年一〇月に「即日方式」を採用し、受付当日に当番の裁判官が書記官室に来てミーティング・テーブルで審査を行い完璧な申立であればその日の午後五時に破産開始決定を出す迅速性を誇る方策を実施しました。東京が平成一一年四月から「即日面接」を試行していたのを意識したものでした。大阪弁護士会と申し合わせをして午前中申立を徹底し、家計収支表が申立日から見て前月分と前前月分とされていたものを一五日間猶予する改革などにより同時廃止事件の審理期間は著しく短縮され未済件数は大幅に減少しました。一方で口頭審査全体をFと呼ぶようになりました。口頭審査はすべて申立から一カ月後になり裁判官のみで実施し、書記官の立会はなく発問も行われず補正書面の提出を待つようになったため、時間がかかるようになりました。F期日には、按分弁済又は管財予納金の積立管理の事件も入っていますから事務は多忙です。F事件は、裁判官の二週間前、三日前審査で、期日を取り消して破産開始をする「間引き」処理をしています。

青木　完璧な申立でないときはどうするのですか。

田山　補正指示を出し、書面が出れば、裁判官の審査で破産開始決定する場合と書記官判断で、といっても廃止要件や免責判断に影響がある事実が判明すれば再び裁判官の判断を仰ぐのはもちろんですが、破産開始に至る場合があります。それとF方式に移行するケースや管財移行があります。

青木　即日率（破産申立をした日のうちに同時廃止の決定が出た割合）というのはどれくらいだったのですか。

田山　実質負債が一、〇〇〇万円以下で法人代表者や事業者でないか生活保護受給者という要件を満たしている事件の一五パーセントから四〇パーセントで推移していました。審理期間が長くなると補正の度に申立代理人事務所も裁判所もともに記録の読み直しをしなければならないため非効率になってしまいます。「一発パス」を目指そうということで平成二一年以降弁護士会の倒産手続実務・基礎研修でも話をしています。

## 準S方式

青木　運用についてお聞きしますが、平成二七年四月に準Sができたそうですね。

田山　準Sというのは、それまでFとして口頭審査対象の事件として受付けていた事件の一部を郵便申立てのS並みに扱って書面審査に回すものです。類型的に訓戒ないし説諭が相当な場合、申立準備が著しく不十分である場合、管轄の確認に必要な資料がない場合に認められるものです。口頭審査に回して管財事件への移行を検討するには及ばないものは即日審査ができないが書面審査で補正事項の追完をさせようとするものです。書記官の受付審査によってF方式と判断されると、申立後一カ月位して開かれる口頭審査期日の二週間前まで、裁判官の審査を受けられない状況になります。書面の追完で済み管財移行の可能性がないようなケースでロスが生じていたのを解消するものです。また、Fの場合に書記官審査の段階で口頭審査の期日打ち合わせを行っていたのを裁判官審査後に口頭審査期日の打ち合わせを行うこととしました。これによって、第六民事部史上初めて同時廃止における裁判官によるインテーク（最初の面接、全件申立日に書面による面接で手続の方向付けを行なう）が実現しました。

## 戸籍上の文字と決定に使用する文字

青木　平成二九年には、氏名には戸籍上の文字を使用してきた原則に対して、申立人から同意書を取って、ＪＩＳコードの文字を使用する扱いに変わったのですね。

田山　今までも標準的な文字に換えることは適宜に行ってきたことですが徹底せず、多くの場合「・」を入力し決定等をプリントアウトするときに手書きする扱いをしてきました。この時導入された新しい「破産処理システム」の辞書のフォントに問題、「道」などの字の部首、「しんにょう（しんにゅう）」の点が二つか一つかを区別できなくなる、があって取り扱いが変わりました。こちらからお伺いしますが、平成二九年四月以降、同時廃止の運用でそれまでと変わったところはありますか。

## 同時廃止の基準の変更

青木　分担が変わっただけで変更はありません。一〇月から同時廃止の基準が変わります。現金保有は五〇万円までとなります。直前現金化は問題視しません。

田山　九九万円の枠はどうなるのですか。

青木　ダブルスタンダードは採りません。弁護士からもよく聞かれるところですが、ケースにより判断しますと答えています。同時廃止ですからそんなに財産があるというケースは少ないと思われます。

## 破産申立後開始決定までに債務者死亡

藤村　質問があります。申立後破産開始決定が出るまでに債務者が亡くなったときは、どのように取り扱うのですか。

田山　相続人などから続行決定の申立が可能な一カ月間が経過した後に終了します。

# コラム1　新型コロナウイルス関連倒産の現況

新型コロナウイルス関連倒産とは、帝国データバンクの定義に従うと、原則として新型コロナウイルスが倒産の要因（主因または一要因）となったことを当事者または代理人（弁護士）が認め、法的整理または事業停止（弁護士に事後処理を一任）となったケースをいいます。以下発生件数については、個人事業主および負債一、〇〇〇万円未満もカウントの対象としていて、事業停止後に法的整理に移行した場合には、法的整理日を発生日としてカウントしています。

令和四年七月五日午後四時現在、新型コロナウイルスの影響を受けた倒産は全国に三、六四四件（法的整理三、三九二件、事業停止二五二件）確認されています。負債一億円未満の小規模倒産が二、一三五件（構成比五八・六パーセント）を占める一方、負債一〇〇億円以上の大規模倒産は七件（同〇・二パーセント）にとどまっています。企業全体に占める中小企業の割合が圧倒的に多いから倒産も多いということもありますが、大企業のように支援を得にくい厳しい環境に事業継続を断念したのかもしれません。

発生時期別にみると令和二年が八四〇件、令和三年が一、七七二件、令和四年が七月五日までに一、〇三二件です。令和三年二月初旬の第一号の倒産から累計で一、〇〇〇件になったのが約一二カ月後、累計で二、〇〇〇件になったのが令和三年八月末で、一、〇〇〇件が二、〇〇〇件になるのに約七カ月を要したのに対し、令和四年三月中旬に累計で三、〇〇〇件になり、二、〇〇〇件が三、〇〇〇件になるのに要した期間は約六・五カ月で、逓増《ていぞう》していることがわかります。

業種別にみると、最多は飲食業の五五九件で、建設・工事業四五三件、食品卸一八八件、ホテル・旅館業一五〇件が続きます。製造・卸・小売を合計した件数は、食品が四〇八件、アパレルが二七〇件となっているほか、旅行業、観光バス、土産物店などの観光関連事業者の倒産は二八一件となっています。来店客減少、休業要請などで打撃を受けた飲食業は、今後も緊急事態宣言などが発出されて対象地域では休業や時短営業、酒類提供の制限などが続き、新型コロナ破綻がさらに増加する可能性が強まっています。国際間の往来の規制が緩和されつつあるとはいえインバウンドの需要消失や旅行・出張の自粛が影響したホテル、旅館業も引き続き増加が予想されます。新型コロナウイルス関連倒産を従業員数からみると、従業員数（正社員）が判明した三、三五三件の従業員数の合計は、三万三、〇五九人にのぼったといいます。

こうした事態をコロナ禍で事業継続が困難となった事業者の側から見れば、直ちに投げ出すのではなく業態の変更などの経営努力をし、助成金等の支援を受けることを検討するでしょうし、既に支援を受けて返済期限が迫っている場合には支援先に対して債務免除や返済猶予を求め交渉するでしょう。その結果、発表される倒産件数の陰には、休廃業した業者がいる一方で豊富な支援策で生かされた倒産予備軍が少なからず存在していると思われます。取引先や支援先の側からみれば連鎖倒産を免れるには取引先の信用度を知ることが不可欠ですが、企業の倒産リスクを調べようにもコロナ禍で企業の実態は見えにくくなっているのです。個人事業者及び法人、従業員の経済的破綻に備えるにはコロナ時代の新常識が必要となります。

# 第四章　免責事件関係

集団免責審尋

# 第四章　免責事件関係

## 定義

青木　免責というのはどのようなことをいうのですか。

田山　債務に対する責任を免ずるというのが通説的見解で裁判所も採用しています。免責が確定した場合の破産債権は、自然債務になり債権者から強制的に取り立てることはできないが債務者の方から任意に支払う場合には受領することが認められます。それに対して、債務が消滅するという見解も有力です。理由は、債務が存在する以上債権者の圧力によって債務者の支払いがなされ更生の妨げとなるおそれがあるということです。そのような場合は強要することを罰することによって抑制できるとの反論があります。

## 意見の対立

青木　どうして、意見の対立を生じているのでしょうか。

田山　免責の趣旨を善良な債務者に対して与えられる恩恵と捉えるか権利と捉えるかによる違いだと思います。恩恵とする説は自然債務と考え、権利とする説は債務消滅と考えるのだと思います。

青木　裁判所は恩恵説に立脚しているという理解でよいのでしょうか。

田山　免責制度が採用された当時は、債権者中立の破産が大多数でしたから誠実な破産者に免責の利益を与えることによって破産手続に協力させようという思惑が働いたと思われます。そこで裁判所は、恩恵説を採用しました。

青木　現行破産法一条に目的が記載されていて、利害関係人間の法律関係を調整しながら債務者の財産の清算をして債務者の経済的更生を図るとありますが、このことを意識した改善はあったのですか。

田山　残念ながらその点はあまり意識されたとはいえません。旧法下では免責審尋が必要的だったために場所の確保など大変な問題がありましたので理念よりも技術面を重視していました。裁判所のスタンスは、モラルハザードを避けつつ大量にある免責事件の処理を促進しようというものだったと思います。

## 審理促進

青木　現行法と異なり、旧法時代は破産宣告から免責確定までの間隙を衝いて強制執行が行われることがあったのですか。

田山　はい。強制執行が行われた後に免責が確定しても不当利得とはならないとする平成二年三月二〇日の最高裁判例があります。実際には、免責事件の審理期間が短縮され、債権者側は、訴訟をして勝訴判決を取って執行しても功を奏さないことから破産手続外での権利行使を控えるようになりました。

青木　破産者の給与債権が差し押さえられると経済的更生に影響が出ますね。

田山　現在は同時廃止決定後免責確定までの間は強制執行の中立があっても手続が中止されます。

## 集団免責審尋

青木　免責事件の処理促進のためにどのようなことを行ったのですか。

田山　旧法では免責審尋が必要的でした。昭和六二年頃に個別免責審尋を多数入れる方式をやめて集団免責審尋を実施するようになりました。その方法はそれまで破産者を一名ずつ呼び入れていたのですが、三〇名以上を一度に呼び込み全員同席した場で裁判官がモラルハザードを防止する観点から説諭を行っていました。さらなる合理化を進めるために、同時廃止免責係を独立させて、ノウハウの蓄積を図りました。なお、個別管財事件では、財産状況報告集会に併せて免責審尋を実施しています。

## OA化による事務改善

青木　他にも改善がされたのでしょうか。

田山　OA化推進の効果もありました。免責事件の滞貨を短期間で解消することができました。ワープロの差し込み印刷機能を利用した帳票作成では、当初官報公告原稿が官報局の基準に適合できずこれだけ手書きしていたのですが、交渉の結果受理してもらえるようになりました。最初のワープロ原稿が受理された三カ月後最高裁判所事務総局民事局と大蔵省印刷局官報課が合意して全国に広まりました。地裁の一書記官による交渉が功を奏した背景として、官報課では活字によって紙型を作成する方式から電子製版への移行が検討されていたことがあったということです。これによって全文書がワープロ作成可能となり飛躍的に機械化が進みました。その後官報公告原稿はインターネットによる電子入稿に進化しています。

## 条件付き申立

青木　旧法では、破産宣告確定後一カ月以内に免責申立をする必要があったのですが、実務の運用はどうだったのですか。

田山　現在では、インターネットで検索することが可能ですが、以前は一般の人が官報掲載を確認するには、図書館に行って調べる必要がありました。破産宣告同時廃止の官報公告は、約二週間後に掲載され、さらに二週間の即時抗告期間の経過によって確定します。確定前に免責申立をしても不適法却下になりました。確定から一カ月を過ぎてからの申立はこれも不適法却下ですから、掲載の前後は図書館通いを強いられるわけです。弁護士などは、民間団体と契約して調査していたようですが、期間順守できないケースも皆無ではありませんでした。そのような場合破産申立からやり直すことになりました。免責を得るためだけの申立であり権利濫用とされるおそれがあるような運用だったわけです。そこで平成一五年一月に個人の管財事件から破産申立時に破産宣告確定を停止条件とする免責申立をすることを認めることにしました。破産宣告と同時に免責審尋期日指定を行い一つの原稿で官報掲載依頼を行うことができるようになり、一回分官報掲載の回数を減らすことができたので、手続に要する期間の短縮につながったことは大きいと思います。条件付き申立を認めるようになってからも免責は別事件、雑事件符号「サ」であるということで破産事件、符号「フ」とは別に委任状を提出することを求めていました。

青木　委任状が二枚必要な理由はどういうことだったのですか。

田山　債権者申立の場合には免責申立は債務者からするので委任状が必要なことは当然です。それに対して自己破産の場合には免責も同じ者が申し立てるので改めて委任状を取る理由が必要です。破産事件は、管財事件が原則ということで、破産宣告があると委任関係が終了するという民法の規定があるために免責申立時点で再度受任したことを確認する必要があるという趣旨だろうと思います。また免責事件記録を独立した記録として編成していたことも影響したかも知れません。民法が破産を委任の終了事由とした趣旨は、破産宣告によって管理処分権が債務者から破産管財人に移るため、代理権を残しておく必要がないからです。同時廃止では管理処分権はそのままであるという考え方もありますが、破産宣告で一旦消滅しそれと同時に廃止決定で回復されると解したわけです。管理処分権が一度消滅している以上委任関係は終了していると解されます。従って免責申立に際して委任関係を確認する必要があるわけです。

## 見做し申立

青木　現行法では、自己破産については免責が見做し申立とされましたね。

田山　自己破産の場合免責を得ることが破産申立の主な目的と考えられますから、申立人が特に免責を希望しない意思を示さない限り免責申立があるという実態に即した改正だったと思います。委任状に関していえば、現行法では免責は独立した事件ではなく破産事件に含まれていると解されますから、雑事件として「サ」の事件番号を取らないし、別個に委任状の提出は要求されていません。

青木　それでは破産申立をしながら敢えて免責の申立をしないとする破産申立はどれくらいありますか。

田山　一〇年に一件というところでしょうか。

## 免責に関する調査

青木　免責に関する調査は誰がするのですか。

田山　破産法は、書記官の調査について定めています。管財事件では破産管財人の「免責に関する意見書」があります。特に免責観察のために管財移行した事案では重要です。

## 裁量免責

青木　免責の審理とは、破産者に免責を認めることができない事情がないかを調べることですが、免責不許可事由があったら必ず免責は許可されないのでしょうか。

田山　現行法で、裁量免責が明文で入りました。それまでも裁判所は、破産者の改善の努力を見て判断してきました。浪費などの免責不許可事由のある債務者には同時廃止の運用を始めた当初から反省文の提出を求めています。何回も免責を申し立てるのは、厚かましいという見方でした。免責は一回だけだというのが破産法の趣旨だと解されます。旧法は一〇年現行法では七年以内の再度の申立の場合は免責不許可となると規定しています。実際平成二四年に申立書を持ってきた弁護士事務所事務員に対して書記官がそのような発言をして問題になったことがありました。平成二七年には四回目の免責を求める者が出るようになりました。そのような場合でも再生の余地があると裁判官が判断すれば裁量免責を認めました。免責不許可事由があっても実際に不許可決定がなされることは稀です。

青木　地裁が免責を不許可にしても即時抗告が出て高裁が覆すことが多いという事情があったのですね。

田山　はい。地裁の審理の仕方は、旧法時代から破産原因の審査段階で免責の可能性も判断していました。制度の悪用となるほど免責が困難であると判断したら、破産自体を断念させる運用もありました。高裁に比べると免責判断についてかなり厳格な態度だったといえます。現在でもその姿勢に変わりはなく免責が困難な事案では免責中立の取り下げを勧告するという運用をしています。債務者は破産開始決定の確定後一カ月間は免責中立ができるので、取下書に再度の中立を行わない旨の記載を要求していました。裁量免責を認める前提に按分弁済を実施する手続では、積立期日を設けて管理していました。小規模管財手続ができてからは、免責不許可の態様程度が悪質とされた場合に免責観察型として管財移行して、破産管財人事務所に破産者が家計収支表や家計簿を持参しその指導を受けさせたうえ免責許可相当の意見が出たら免責するという選択肢ができました。

青木　何か運転免許更新時の講習を思わせますね。

田山　債務者の行為の悪質性の度合いによって裁量免責の条件を変えています。一般的には軽い場合から順に反省文の提出、次に破産の債務者審尋での説諭《せつゆ》、集団免責審尋、個別免責審尋、按分弁済、免責観察のための管財事件への移行、免責中立の取下げ勧告、免責不許可決定、破産中立の取下げ勧告があります。東京は、任意化されてからも全件個別免責審尋を実施しているそうです。

## 一部免責

青木　旧法時代に一部免責が認められたことがあると聞いていますが、どのような運用がなされていたのですか。

田山　平成五年以降、大阪だけでなく、かなり多くの裁判所で実施されていたように記憶しています。破産債権のすべてを免責するのではなく、免責不許可事由の程度によって、一定割合を除外して免責するというものでした。残った債務を分割で支払うことになるのですが、履行確保の手段がないし、そもそも債務者の経済的更生を図るという免責制度の趣旨にもとるという批判がありました。

## 条件付き免責

青木　条件付き免責というのもあったのですか。

田山　一部の支払いを条件に免責するというもので、後に行われた裁量免責のための按分弁済の先駆けともいうべきものだと思います。

## 免責取消

青木　破産者が不正な方法で免責許可決定を取った場合決定から一年以内であれば免責取消の申立てができるのですね。

田山　法人の代表者であった女性、月給一五万円のウエイトレスだということでした。しかし、免責を受けた直後の約一カ月間にトータルで一〇億円を上回る額を預金口座に出入金したと整理回収機構が免責の取消を求めました。裁判所は破産者が破産宣告前から二億六、〇〇〇万円もの資産を所持しながら隠して免責決定を受けたと認定して免責を取り消しました。再度の破産手続では、破産管財人として新たに「泣く子も黙る」鷹頭《たかず》敬市郎弁護士を選任しました。破産管財人は、期待を凌ぐ辣腕をふるい多額の破産財団を形成しました。秘守義務のため詳細は言えませんが、「天網恢恢疎《かいかいそ》にして漏らさず」であります。

## 破産開始後意見申述期間満了までに新たに債権者が判明した場合

青木　破産手続開始後免責に関する意見申述期間満了前に新たに債権者が判明した場合にはどのように処理したらよいのですか。

田山　意見申述期間の伸長は必要ありません。破産開始通知書に開始後に判明したことを記載した書面をつけて当該債権者あてに送付します。意見申述期間満了前一週間を過ぎている場合は裁判所または破産管財人から送付しません。申立代理人から知らせるように促します。

## 債権者一覧表に記載されていない債権者からの意見申述

副島　先輩、破産開始決定後申立時の債権者一覧表に記載されていない債権者から免責についての意見申述書の提出があったのですが、どのように処理したらよいのでしょうか。

田山　申立人が悪意で記載しなかった場合は、虚偽の債権者名簿を提出したことになり免責不許事由があるので、申立代理人が付いておれば書面審尋を行い、本人申立のときは個別の免責審尋期日を開く必要があります。悪意がないときは債権者一覧表の補正で済みます。悪意があれば免責不許可の決定をするか免責申立の取下げを勧告します。破産者が知りながら債権者一覧表に記載しなかった請求権は、非免責債権であるという規定がありますが、免責確定後に当該債権の行使が認められるかどうかは、履行請求の訴訟が係属した裁判所の判断によります。

## 免責許可決定確定後の執行文付与

前島　免責許可決定が確定した後、債権者表に執行文の付与を求められた場合の書記官の処理について教えてください。

田山　債権者表に免責が確定したことが記載されていても執行を申し立てた債権が非免責債権に該当する可能性がある場合には、書記官は執行文を付与することになります。債権者の執行中立に対する債務者の対抗手段は、執行機関に対して免責決定正本ないし謄本を強制執行停止、取消文書として提出することです。請求異議の訴えによらなければならないとする見解もあります。

## 免責決定確定前の債務者死亡

藤村　免責決定後その確定までの間に破産者が亡くなった場合は、どう処理すればよいのでしょうか。

田山　通説的な見解では、免責の主体が不存在であるためその効力は失われるとされています。しかし、債権者が異議を述べることなく免責に関する意見申述期間が経過すれば、破産者は免責中立人としてすべきことはすべて行っているのだから、破産者が亡くなっていても免責決定ができるとする見解もあり、京都地方裁判所にはその見解に沿った決定があります。この見解からは、決定後に破産者が死亡しても免責決定は有効なものとして扱われます。通説的見解からは、相続人が訴訟中であったため相続放棄の手続がとれなかった事情を考慮した救済判例だといわれています。私は、質問の事例で相続人に相続放棄を強いるとしたら、被相続人が破産手続で行った訴訟活動の結果がすべて失われるに等しい事態であり早急な立法的解決を要すると思います。

# コラム2　コロナ時代の新常識

司法統計によると、令和二年の破産事件の新受事件数は、七万八、一〇四件（令和三年は、七万三、四五七件）で、令和元年と比較すると二・六パーセント減少（令和二年と比較して五・九パーセント減少）しています。民事再生事件についても令和二年の新受事件数は、一〇九件（同一一〇件）で、二四・八パーセントの減少（同〇・九パーセント増加）であり、小規模個人再生についても一万二、〇六四件（同一万五〇九件）と、五・五パーセントの減少（同一二・九パーセント減少）ですし、給与所得者等再生も七七七件（同七四〇件）と、六・四パーセント減少（同四・八パーセント減少）しています。令和二年一月以降コロナで景気が低迷しているのにこれまでの常識に反して倒産手続申立が減少しています。

倒産の減少について、東京商工リサーチは、融資や補助金のおかげですぐに倒産手続きをとらないが、ほぼ休眠状態の会社が増えており、その裏で企業の休廃業・解散も増えているといい、週刊ダイヤモンド二〇二一年九月四日号は、五つの新常識を挙げています。一つ目は、借り入れをしても業績が回復しない倒産予備軍の過剰債務の企業が増えていると指摘しています。二つ目は、廃業に加え、事業再生ＡＤＲなど企業再生の手続きが多様化したことで倒産とカウントされないケースが増えているといいます。三つ目は、飲食店の新規出店や改装工事がなくなり建設・工事業の倒産という外食苦境が波及したコロナ連鎖倒産型が増えたと指摘します。外出自粛要請によるテレワークの普及や結婚披露宴などイベントの減少に伴うアパレル関連の破産の増加も同様と思われます。四つ目は、コロナ終息の目途が立たない中、諦め型の倒産が増加しているといいます。五つ目は、自動車業界で今年に入って浮上した半導体不足倒産だといいます。

# 第五章　個人再生事件関係

再生債権者集会

# 第五章　個人再生事件関係

## 定　義

青木　個人再生とは、どのような手続ですか。

田山　同時廃止が債務を全く払わないのに対し、個人再生は債務を減額する再生計画に基づいて三年の範囲で履行することによって、破産の場合に生じる法律上事実上の制限と財産を失うという不利益を回避しようとするものです。実質的な再生債権総額が五、〇〇〇万円を超える事業者は民事再生により債務整理をします。個人の民事再生は、件数は少ないがあります。

青木　個人再生について先輩は経験がおありでしょうか。

田山　残念ながら直接担当したことはありません。和議事件の経験と、個人再生導入時の制度設計に関与したのと、個人再生が失敗して破産になった場合に個人再生での処理を検証した程度です。

## 個人再生開始の要件

青木　民事再生ではもっと早い段階で認められるが、和議法では破産原因が必要だったのですか。

田山　そうです。一回の不渡りでは認められず「両目をつぶってから来いと言うのか。」とうめき声を漏らした債務者代理人弁護士の姿を忘れることができません。

## 制度設計

青木　東京では再生債務者が行なう個人再生手続を指導監督させるため個人再生委員が選任されることが多いと聞いていますが、大阪では選任されるケースが少ない理由についてご存知でしょうか。

田山　個人再生手続は、平成一二年一一月二一日に「民事再生法の一部を改正する法律」が成立し、平成一三年四月一日に施行されて誕生しました。大阪では、制度設計の段階で、個人再生は同時廃止と調停が合わさったものであるという考え方をしていました。少額管財を試行する以前のことであり、低廉な価格で再生委員を受任する弁護士は少ないであろうという認識が背景にありました。大阪では破産事件で「一部免責」「裁量免責のための按分弁済」を行った実績があったことも理由の一つだと思います。導入された最初の年の申立件数は東京をしのぎ大阪が全国最多でした。東京が全件再生委員を選任する運用なのに対し大阪は再生委員を原則選任しない運用を採ったため申立人側では、個人再生は同時廃止のような事案であるが破産免責が得られないであろうという事案を対象としていると思ったのではないでしょうか。立法が予定していたような再生可能と見込まれる事件とは異なる、いわば質が悪い事件が大量に申し立てられた可能性は否定できないと思います。そんなわけですから中立から再生計画認可決定までの期間について「一〇〇日プラン」という目標があるのですが、書記官の補正指示に頼る現状では中々達成は困難なようです。もっともその後大阪でも件数は少ないのですが、住宅ローンと保証債務を除く負債が三、〇〇〇万円以上の事業者の場合は再生委員を選任する運用に変更しています。大阪も東京と同じように六カ月間計画弁済額相当額を裁判所に納付させることによって履行可能性をチェックしますが、個人再生委員の選任件数が少ないことを考慮し、納付額を減額する運用変更を行いました。裁判所の工夫にもかかわらず個人再生申立てが破産逃れとみられることもあります。堺支部の事例ですが、法人破産の事件で財産の帰属を明らかにするため、代表者にも破産申立を促したところ、住宅を守りたいと個人再生の申立がなされたことがあります。その事件では、再生が認められず結局住宅を売却したのですが、売却代金から抵当権の被担保債権を弁済した後の清算金を生活資金に使い切って、破産予納金を収めることができないといわれ、往生したことがあります。

## 小規模個人再生と給与所得者等再生

青木　当初給与所得者等再生の申立件数が多かったのが、後に小規模個人再生が多くなった事情はどのようなことですか。

田山　給与所得者等再生は、小規模個人再生の特則です。再生計画にもとづく弁済原資《べんざいげんし》（弁済にあてる財産）として可処分所得にもとづく最低弁済基準を法定することによって、再生計画案についての決議を省略することができるので当初は簡易な手続と思われたのだと思います。しかし、所得要件が厳しく個人事業者や主婦、生活保護者などに適用することは困難です。それと小規模個人再生の再生計画案の決議要件が、民事再生の場合と異なり、消極的同意として構成されて同意をとるための負担が軽減されており再生計画が否決される可能性は少ないため申立人側から見て小規模個人再生の方が利用しやすいと思われるようになったわけです。それと可処分所得要件がある給与所得者等再生は、小規模個人再生に比べて返済額が多くなると懸念されたことも原因のようです。

青木　小規模個人再生は、もともと個人事業者が事業の継続をしながら債務の清算をすることを想定したものではないのですか。

田山　制度の転用というかそれ以外に利用されているのが現状です。逆に破産手続を利用して、事業の承継を実現している例もないとは言えません。破産免責制度を使って債務を清算して、従業員や親族等に事業主体を移す手法をとります。

## 住宅資金特別条項

青木　先の堺支部の事例では民事再生法に定められた住宅資金特別条項の利用をしようとしたと思われますが、これは、どういうものなのですか。

田山　再生計画の履行による返済資金の不足で住宅ローンの遅滞から抵当権が実行される場合があります。そこで返済期間の途中で処分され、債務者の生活基盤が失われ抵当権を有する住宅資金貸付債権者の回収額が少なくなるのを防ぎつつ、再生手続を円滑に進める必要性から設けられた制度です。同法によると住宅ローンを滞納して保証会社が債務者に代わって金融機関に弁済している場合でも滞納前の状態に「まき戻し」をして債務者が金融機関との間で新たに協議した返済計画に従って履行を続けることによって住宅を温存できるというメリットがあります。しかし、債務者が所有する居住用建物でなければならず住宅ローン以外の目的での借り入れのための抵当権がある場合は利用できないというように要件が厳しいからどの場合でも有効というわけではないと思います。

## 再生計画不履行と破産

青木　再生計画を履行できない場合はどうなるのですか。

田山　やむをえない事情があるときは二年以内の範囲で弁済期間を伸長することができます。一定の要件を満たす場合は「ハードシップ免責」（再生計画が認可された後に長期入院やリストラなどで返済が困難になった場合でも返済金額の四分の三以上の返済をしていたときは、その残りの借金の支払義務の免除を受けることができる）が認められます。それ以外は再生債権者から再生計画の取消を申し立てることができます。個人再生は、認可決定の確定により終了し、牽連《けんれん》破産（再生手続が失敗したことに関連して開始された破産手続）の規定の準用はないと解されています。債権者は、再生債権者表を債務名義として、個別執行や破産中立ができます。和議法では和議債権者が個別執行をするには履行期を迎えた分ごとに訴えを提起するか和議取消を中立それが認められたら未履行分全体に対しての支払いを求めて訴えを提起して債務名義を取る必要があったのとは大きな違いがあります。勿論債務者は自己破産の中立ができます。

青木　破産開始決定がされると再生債権はどうなるのですか。

田山　再生認可によって生じた権利変動が破産開始によって元に戻ります。その結果元の債権から再生計画により履行された額を控除した額が破産債権額となります。

## 履行完了

青木　和議法の時代には、履行確保の手段が十分でなかったため二回履行したらなしのつぶてということも少なくなかったと聞いています。個人再生では許可を受けた未成年の事業者くらいしか考えられませんが、商業登記簿に載っている和議認可の登記は、和議条件の履行を完了した場合どうなるのですか。

田山　抹消する手段はありません。昭和六三年頃相談を受けて、法務局と交渉したのですが、できませんでした。相談者に対して、「こう考えたらどうでしょうか。和議の登記は、誠実に和議条件を履行して死の淵から甦った証しともいえます。だから和議の登記が残っていることを自慢してよいと思いますよ。」と伝えました。民事再生法では、履行確保のために監督委員または管財人が選任されているときは再生手続終結の登記をする際に職権で再生手続開始の登記などと一緒に、再生計画認可の登記は抹消されます。

## コラム3　自営業（飲食・小売など）を廃業し破産申立てをする際の留意点

1　債務整理を行って、積極財産と消極財産を比較して、様々な支援制度を活用してもなお、全債務を完済することができない場合かどうか相談機関の関与の下で確認します。

2　必要な資料をそろえて弁護士、司法書士に相談します。話し合いの上利害関係人の意向にも配慮してどのような倒産手続きをとるべきか手続選択をします。再生を選ぶときには協力を取り付ける必要があります。

3　破産を選択する場合には、従業員の解雇を行うのは他の業種と一緒です。解雇は従業員に直接伝えます。一堂に集めて口頭で伝えるのが一般的ですが、欠席している者には文書で伝えます。店舗が複数ある場合には、主たる営業所に集めて伝えます。解雇予告手当の支払いが必要な場合もあります。

4　店舗が賃貸であれば家主に対して原状回復義務があります。設備等を収去して退去するまで賃料が発生しますが、設備等を引継ぐ「居抜き」という慣習に従う場合もあります。後継者を決めれば賃料の発生を止めることができます。敷金、賃借補償金を少しでも多く確保すべきです。

5　破産開始決定が出ると電気は止められますから冷蔵庫内の物を事前に処分する必要がありま

す。在庫品について廃業セールを行うこともあります。納入先に返還する場合には偏波行為にならないように注意します。

6　廃業して半年以上経過している場合には同時廃止事件として申し立て可能ですが、営業を続けていた場合には一般管財事件となるので、明渡しをしてから破産を申し立てます。リース物件は返還する必要があります。商業帳簿をコンピュータで作成している場合などは、データの確保をしなければなりません。

7　売掛金があって回収する必要がある場合などは、現金化して破産管財人に引き渡すのですが、それができず、回収のために訴訟提起を要するときは、破産予納金の上乗せが必要です。

8　破産予納金を準備します。金融業者から借り入れたお金を破産予納金に充てると返済の意思なく借り入れたと免責に異議を出されることがあります。東京地方裁判所では出所の報告を義務付けていますが、大阪地方裁判所はそこまで要求していません。しかし、破産財団に含まれる財産を処分するときは、上申書に記載して報告すべきです。適正な価格で処分しなかった場合には否認対象行為になります。

# 第六章　特殊な破産事件

封印執行

# 第六章　特殊な破産事件

## 《病院、老人福祉施設の破産》

### はじめに

青木　特殊な債権者を擁する破産事件についても説明願えないでしょうか。

田山　病院、老人福祉施設の破産は、多数の関係者に影響を与えるために破産管財人などの破産手続に関与する者は特別の配慮をする必要があります。特に病院が破綻すると混乱期の医療活動や入院患者の転院など、対応によっては生命・身体の危険が生じるケースがあります。申立代理人は、病院、老人福祉施設倒産の相談を受けた場合には、いきなり破産申立ではなく混乱期にも柔軟に対応できる民事再生法の活用を検討します。老人福祉施設については、病院に併設されているものもあれば、独立のものもありますが、厚生労働省によって都市部では新設が制限されているためスポンサーを探すことはさほど困難ではないし、事業承継を受けたいという者も少なくありません。ここでは主に病院の事例で破産中立を選択した場合を説明します。破産手続開始まで、裁判所、都道府県環境保健部などの行政機関、地元医師会などと連絡を密にし、協議しながら緊急事態に対応する必要があります。

## 予納金

青木　予納金（手続費用として予め納めるお金）はどのように決めたらよいでしょうか。

田山　一口に病院といっても医療法人経営の多数の診療科目や病床を持つ大病院から入院設備がないかあってても一九床以下の診療所や個人経営のものも含まれます。予納金は、財団が形成されなかった場合の手続費用や管財人報酬に引き当てられるものであり、病院の規模や収入状況によって決まります。大阪地方裁判所第六民事部では、病院の場合、最低一〇〇万円以上で、状況により増額しています。

## 監督官庁への連絡及び届出

青木　破産手続開始について関係機関への通知はどのように行ったらよいでしょうか。

田山　裁判所は、破産手続が開始されると直ちに都道府県の監督者に電話連絡をします。破産管財人は、各種指定医療機関の廃止届などを行います。大阪府の場合は、健康福祉部、医務・福祉指導室、医療対策課に提出します。さらに所轄保健所及び地域医師会に対しても同様の届け出を行います。

## 審理

青木　通常の事案と審理の進め方は異なるのでしょうか。

田山　病院に破産原因があるかの判断は、一般の場合と比較すると厳格な証明によって認定する必要があります。将来の収入如何では破綻を認定できないこともあるからです。債務者の審尋段階から破産管財人候補者を同席させて調査を行います。事務の引き継ぎを円滑にして、かつ管財事務を迅速に着手させるために必要な措置です。入院患者がいる場合には、医師、看護師及び事務職員などから事情を聴き、入院患者の転院に要する期間と、費用、受入先などについて調査します。併せて転院までの間の手持ち資金、医薬品、医師、看護師などの医療体制についても不足がないか調査します。入院患者の食費について患者自身の負担額を裁判所が決めたことがあります。民事再生手続があるので、破産で営業継続を決めることは少ないと思いますが、営業継続は財団債権の発生により、破産財団を減少させたり、医療体制の不備から患者などに被害をもたらす恐れがあるので許可するにしても限定的かつ短期間にするべきです。裁判所は破産管財人に対し一定期間ごとの収支報告書の提出を求めます。

## 管財業務

青木　病院では、自己負担の患者は稀で、ほとんどは保険で賄われています。保険による診療報酬を回収すれば、容易に財団を形成できるようにも思えるのですが、いかがでしょう。

田山　破綻した場合には、既に数カ月先の診療報酬が譲渡されていたり、差押、仮差押を受けているケースが多いのでその確保が重要な管財業務となります。堺支部の事例で、私が執行係にいた時のことですが、病院が経営破綻して破産の債権者申立をされたケースがありました。一方で将来の診療報酬請求権の差押えがなされ数億円の供託がされて債権執行が進行していました。病院の経営者側は、架空の高額債権者を作って申し立てた債権者に対抗しているとのうわさがあり、破産手続開始を待って債権執行を放置していたのでは破産手続によって公平な配当が実現されるか疑問の余地がありました。

青木　診療報酬は、通常、請求後二カ月後に支払われます。社会保険の場合、各都道府県の社会保険診療報酬支払基金に対し、国民健康保険の場合、各都道府県の国民健康保険団体連合会に対し、各々請求するわけですが、実際にはどのように行っているのですか。

田山　病院の事務職員の協力を得て行います。営業を廃止する場合には次の職場が決まると協力が得にくいことがあるので新たに雇用契約を結び人材を確保します。

青木　設備や医薬品類の処分はどうするのですか。

田山　エックス線設備などの医療機器などは、使用年数によっては高価に売却できる場合もありますが、多くはリース物件であり、換価は期待できません。又換価できてもメンテナンスや運搬の費用が高くつくなどの理由から多額の回収が見込めないのが一般的です。医薬品類については、中古市場もあるのですが、迂闊に許可すると管財人が薬事法違反の罪に問われることがあるので注意して下さい。売却不能の物品の中には廃棄を専門業者に任せなければならないものも少なくないし、カルテ及びエックス線フィルムなどについては、医師法によって五年間の保存義務が課せられています。これらの処分と保管に数百万円の費用を要する場合も稀ではないので管財人と打ち合わせをして配当に回してしまわず残しておいて下さい。

## 管財人報酬

青木　破産管財人の報酬を決定するうえでの注意はありますか。

田山　病院の管財業務は通常の管財業務と比べると事務量が膨大です。破産手続開始後、患者からの問い合わせも多く、患者からエックス線フィルムを見せてほしいとの要望も少なからずあります。これらの多数の業務の割には財団形成は多くを望めないのが一般的です。殊に病院が整理屋グループに荒らされた後の、管財業務は煩雑でかつ困難です。マスコミや警察関係者との対応にも時間を取られることも多いです。管財人報酬は集めた財団の金額から機械的に算出するのではなく、このような管財業務の具体的内容を十分把握して報酬を決定すべきです。

## 《ホテル、旅館の再生》

### はじめに

青木　ホテル、旅館の再生のポイントは何ですか。

田山　三大ポイントがあるといわれています。第一の「ハコモノ産業」は企業再生にあたっての出口、いわゆる最終処理を行う際、ホテル、旅館というものをどう見たらよいかという視点です。第二の「サービス業」はホテル、旅館の経営改善にあたっては、ホテル、旅館がサービス業であるということを忘れると失敗します。第三の「設備産業」は、最終処理後のゴーイングコンサーンの立場から見たとき、何が必要かを表しています。

## キャッシュフローとホテル産業

青木　ホテル、旅館の再生にあたっての出口はどのように設定するのですか。

田山　地方観光都市の老舗温泉旅館、いわゆる地域一番店と称される観光ホテルが、バブル期に建設した新館に法外な金額をつぎ込み、債務総額が膨れ上がった一方、バブルの崩壊とともに売り上げが落ち、到底借入金の返済は望めない状況となった場合は、金融機関にとっては悩みの種です。基本プランは、一年後に民事再生法による最終処理を念頭において、その間にキャッシュフローを改善し、そのキャッシュフローをもって再生ファンドまたはスポンサー企業から資金を調達して、金融機関に一括弁済することで再生を図るべきだと思います。

## キャッシュフローを上げるには

青木　ホテル、旅館のキャッシュフローはどうしたら上がるのでしょうか。

田山　リストラとキャッシュインを増やすことです。リストラに際しては、サービス業であるため、士気の悪化が直接サービスの悪化につながりますから、人件費が多いと判断したら給料カットではなく解雇によって従業員数をその分減らすことです。当然残った従業員の一人当たりの仕事量が増えるため、場合によっては給料を上げるという一見間逆の対応も必要です。さらに施設管理費を削減するため、ボイラー管理や設備メンテナンス、館内清掃などは外注から社員に切り替え、その対価として給料を一〇パーセントはアップします。ホテル、旅館のキャッシュインは【客室数×客単価×稼働率】で表せます。三つの変数のうちどれを改善するかですが、客単価の改善は、食事の改善、バンケットの増加、エージェント外の直接顧客の獲得などさまざまな方法がありますが、戦略は地域の事情やそのホテルの設備によって大きく変わります。たとえば、アウトバウンドに狙いをつけた先では客単価はあえて落として稼働率で勝負をかけるケースもみられます。次にそれを誰がどのように実行するかという問題もあります。ある裁判所の事例で外部から専門家を招き、その専門家を約二年間ホテルに常駐させてキャッシュフローの金額を年間約一億円から二億四、〇〇〇万円まで改善した例が報告されています。

## 最終処理のポイント

青木　最終処理のポイントはどういうことですか。

田山　ホテル、旅館業は一定の周期で継続的な設備投資を行わないと徐々に稼働率が落ちていくのが一般的です。その分の資金をプールしておかなければなりませんが再生企業の場合は、その分が金融機関への弁済に充てられてしまい、短期的にはよくなっても中長期的には破綻をきたすことがあります。最終処理にかかる費用の問題もあります。民事再生の申立をするためには、裁判所の予納金、中立弁護士費用、郵券代など中立諸費用の合計約一、五〇〇万円の現金が必要となるケースもあります。さらに、通常最低でも六カ月程度の資金繰りの目処が立っていなければなりません。また、多額の税金や社会保険料など租税債権の未払いや退職金などの労働債権など、いわゆる優先権が存在する場合は一般債権の配当がないと看做《みな》されて開始決定が下りないこともあるし、開始されたとしても再生計画が債権者集会で拒否され、結局破産に追い込まれることにもなります。そこで金融機関と交渉のうえ返済を止めて再生資金を貯めることが必須となります。

## 出口をどうするか

青木　再生の出口はどうするのですか。

田山　ホテル、旅館が企業として再生するためには、単に民事再生法で債権をカットするだけでなく、今後の設備投資資金を調達する必要があります。最も有効な調達方法は、スポンサーによる支援、すなわち、M＆Aです。しかし、ホテル、旅館の経営者は地元の名士が多く、また地元の観光産業への影響を考えると、地域金融機関としては東京などの大資本にM&Aを依頼するのも問題があります。こうしたときに役立つのが、いわゆる再生ファンドです。とくにホテル、旅館はある種の利回り不動産に近い考えで資金調達が可能なため、キャッシュフローいかんで、相当の資金調達が可能です。ある裁判所の事例ですが、民事再生法を申請したうえで、デット型の再生ファンドから資金調達して、これを原資に金融機関に返済し、残額を民事再生法のもとでカットすることで再生を完了したケースが報告されています。

## 《旅行業者の破産》

### はじめに

青木　旅行業者にも種類があるようですね。

田山　旅行業法上は、他の旅行業者の主催旅行の取り次ぎ、手配旅行の代理販売の業務を行うことのみが認められている旅行業代理店業、国内、海外の手配旅行及び他の旅行業者の主催旅行の受託販売を行う第三種旅行業、加えて自らの主催旅行を行うことを認められている第二種旅行業、更には、海外の主催旅行を行うことも併せて認められている第一種旅行業に分けられています。

青木　海外旅行を主催する旅行業者などは、債権者が多く負債総額が多額になるだろうなと思うのですが、いかがでしょうか。

田山　旅行申込者、取り次ぎ、手配に関する債権者もいますから、多数、かつ、多種です。これらの極めて多数に上る種々の債権者についてどのような取扱いをするかが、いかに迅速に破産処理を進めるかの重要な鍵になります。

青木　不測の事態に備えて、旅行業者は、保険に入っているのではありませんか。

田山　旅行業務債権については、特殊な弁済業務保証金制度があります。一定の条件を満たす旅行業務債権者に対しては、日本旅行業協会または全国旅行業協会が破産債権の全部または一部について代位弁済（第三者が債務者に代わって弁済する）を行います。また、旅行業者は旅行保険の代理店業務を同時に行っている場合がほとんどで、旅行債権者は旅行代金と同時に旅行保険の支払いを行うというのが通常であり、旅行が中止になった場合には旅行保険料の一部または全部が返還される。旅行業務債権者の多くがこのような代位弁済制度や保険料返還の対象となるため、これらの制度を考慮に入れて、債権確定手続及びその準備を行うことが不可欠です。

青木　債権の種類が多種多様であれば、それらを公平に扱う必要性がありますよね。

田山　旅行業においては、旅行債権者は前払いの義務付けられているところから同じ旅行を申し込んだものであっても旅行代金を支払った時期の違いや現金かクレジットかという支払方法の違いにより、結果として旅行債権者の取扱いに差異が出て、債権者間に不公平感が生ずる場合が多く、これをどのように処理し、債権者を納得させるかにも十分に配慮していかなければなりません。

## 旅行業務関係の破産債権の処理とＪＡＴＡとの連携

青木　破産管財人や保全管理人が就任してまずなすべきことはどのようなことですか。

田山　債権者の概要を把握することです。旅行業者はコンピュータを使って顧客の管理を行っているのでデータの保存されたサーバーの確保と、社内のコンピュータシステムに精通した従業員の確保が欠かせません。また、同時にコンピュータに入力するに至っていない申込書などの書類を他の書類と区別して保管しておくことも必要です。

青木　日本旅行業協会、ＪＡＴＡとはどのように連携するのですか。

田山　ＪＡＴＡの弁済業務保証金制度で証拠に基づいて弁済すべき債権の確定をするので、破産手続ではその認否を参考にせず債権確定をすることは不可能に近いです。破産管財人は、就任後速やかにＪＡＴＡに連絡を取り管財人が把握している旅行業務債権者の数や債権の内容に関する情報を提供し、逆に、弁済金の確定時期、支払時期等についてＪＡＴＡに問い合わせ、できるだけ管財業務が進めやすい方向で協力を受けられるよう、常に連携をとって業務を進めることが必要となります。

青木　保全管理人の選任の必要な場合はどういうケースですか。

田山　ＪＡＴＡへの届出の程度、内容などを検討しないと、債権認否に要する時間、債権者集会への出席者数の推定などを行うことが困難な場合です。

## 旅行債権者の債権確定手続の準備

青木　破産申立の事実を知らずに支払いをなしたものの扱いはどうなるのですか。

田山　旅行代金を返還すべきです。破産申立の時間と入金の前後で区別することは実際上不可能であり、破産申立の事実を知らずに支払いをなしたものを一般の破産債権者とするのは適当ではないからです。

青木　クレジットの場合はどうなりますか。

田山　クレジット会社は旅行に行かれなかったことが明らかなクレジットカード会員については、

例え破産申立の以前に口座から引き落としをした場合であっても、破産会社に支払いをなす以前であればこれを会員に返還します。

青木　結果として早くしかも現金で旅行代金を支払った旅行申込者ほど不利益を受けることになりませんか。

田山　管財人としては破産手続に対する理解を求めるとともに、必要な調査を行い、旅行債権者の疑問点に対して一つ一つ誠実に答えて行く以外ありません。

青木　一般に、慰安旅行、家族旅行や友人同士の旅行等複数の旅行者が団体で旅行契約を締結する場合、旅行代金の支払い手続きなどの事務手続は各旅行者が各自で行うのではなく、団体中の一人が他を代表又は代理して行うことが多く、旅行業者の事務手続上もこの代表者を申込人として扱っていることが多い。そこで、膨大な数の旅行者を合理的に縮減して債権確定手続を効率よく行う観点からは、団体内において事務手続を代表して行っていたものを破産債権者として扱い、当該代表者に団体構成員全員の旅行代金の合計額を届け出てもらうことが適当というわけですね。

田山　ＪＡＴＡも認証申立て、弁済について基本的に同様の取扱いをしており、申し込み若しくは支払いが数人を代表して一人の名義でなされている場合には、そのものだけを対象に処理を行っています。

青木　破産債権者のかなりの割合を締める旅行債権者をもれなく捕捉するためには、管財人が就任後直ちに元従業員らに旅行者名簿の作成について協力を求めることが重要となるというわけでしょうか。

田山　はい。そして名簿を作成するに当たっては、①代表債権届出人を中心にして作成し、代表者以外の参加者を備考欄などに掲げておく。②出発日、目的地、コース、航空会社が分かるようにする。③旅行代金額を記載し、申込金と残代金との支払いの有無と金額。④旅行会社に対する旅行保険料の支払の有無と金額を把握できるようにしておくとともに、後々項目ごとの検索ができるよう表計算ソフトを利用する必要があります。旅行業者が保険代理店を兼業することが少なくないため、旅行者は旅行業者の窓口で旅行保険の申し込みをして旅行代金と共に所定の保険料を支払うのが一般的です。旅行業者の自己破産申立に伴い、計画していた旅行に出発できなかった場合には、保険契約が失効し、旅行者は保険会社から保険料の返還を受けることになります。商法上、旅行者が返還を受ける保険料は半額ということになり、残額は破産債権となるはずですが、実際には保険会社が全額返還することが多いようです。保険会社が旅行者の保険料支払を確認できない場合に備えて、管財人は就任後直ちに各店舗の旅行保険契約関係の書類を保全しておくことが重要です。

青木　破産管財人としては債権認否に際して、誰にいくら保険料が返還されたかを正確に把握して、返還された保険料を含んだまま債権を認めることがないようにしなければならないのですね。

田山　そのためには、保険会社から保険料返還先とその金額の一覧表の提供を受けるなど、連携を保ち、債権認否に必要な情報がきちんと得られるような形にしておかなければなりません。

青木　ＪＡＴＡの認証額を差し引かずに出した債権届出の場合には、認証額相当分について異議を述べることは可能ですが、その場合には異議通知書を送付することが必要であり、数千という数で異議の通知を出すことは労力の点からも費用の点からも非常な無駄と言わざるを得ませんね。

田山　ＪＡＴＡに対し弁済認証の申出をしている旅行債権者については、弁済認証額が確定した場合には、同認証額相当額については、債権届出を取下げたという擬制をすることについて事前の同意を求め、同意が得られた場合には、認証額相当分の取下げがなされたものとして認否を行います。同意が得られなかった場合には全体に対して異議を述べると届出書用紙に記載はしますが、実際には認証額相当分についてのみ異議を述べ、その旨を通知せざるを得ないでしょう。

## 債権確定作業

青木　事前のＪＡＴＡや保険会社との連携で多数の旅行業務債権者の債権認否を効率的に行わなければならないのですね。

田山　ＪＡＴＡが認めた範囲では、債権は存在すると推定し、ＪＡＴＡが認めた内容と異なる債権届出について集中的に確認作業を進めます。

青木　旅行業界独自の取引慣行にはどのように対処するのですか。

田山　有能な元従業員を確保して協力を得て作業を進めます。

青木　事務作業量が膨大となる場合はどうするのですか。

田山　アウトソーシングの活用をします。

## 旅行業者の債権回収

青木　旅行業者が保険代理店を営んでいた場合に代理店の保険料保管専用口座に保管されている預金債権をそのまま財団に組み入れることはできますか。

田山　保険代理店の専用口座に保管されている預金債権は保険会社に帰属するもののそれは保険代理店によって獲得されたものだから報酬としての代理店手数料を含んでいます。旅行役務の提供を受けられないことによる保険契約の失効があったとしてもその部分に対応する代理店手数料は請求可能だと考えられます。よって保険会社が失効した保険契約につき保険料の半額だけを請求する場合は、代理店手数料を請求することは問題ありません。保険会社が保険料全額を返還しようとする場合代理店に損失を与えないように保険者が支出した締結費用を補償すべきです。保険者が支出した締結費用には代理店手数料が含まれるからです。保険会社が保険料全額を保険契約者に返還している場合であっても、管財人は保険会社との間で、専用口座の預金残高に代理人手数料の料率に準じた率を乗じた金額の支払いを受ける形の和解をします。

青木　旅行業者がクレジット会社と提携し、旅行代金の決済をクレジットカードで行っている場合に、クレジット会社が、破産申立がクレジット取扱契約上の解除事由であることを理由に同解除後に処理された売上票に基づく立替払いを拒絶したらどうするのですか。

田山　管財人としては、クレジット会社に契約通り回収することを強く求めるべきです。しかし任意の履行を受けられないときは強制的な手段を使うことまでは要請せず、管財人側で回収するのが妥当です。

## 配当

青木　旅行業者の破産の場合には、三万円程度の旅行申込金の返還請求債権者という少額の債権者が多数存在すると思うのですが、どう処理するのですか。

田山　配当率が二パーセントとすると約六〇〇円で一、〇〇〇円未満の少額配当ということになります。大阪では、受領意思届出制度が出来てからも債権届出書用紙に「配当額が一、〇〇〇円未満の場合も配当金を受領します。振込費用は個別の配当金からは差し引かず、破産財団から支出されることになります。」と不動文字を入れ、振込費用を財団が負担して送金する運用を行っています。

# 終　章

青木　先輩のお話を伺って破産法改正と実務の運用確立の道のりが平坦なものではなかったことがよくわかりました。これから我々はどういう方向性でこの問題に取り組んでいったらよいでしょうか。

田山　手続とは、例えて言うと生き物のようなものです。手続も生物と同じように絶え間なく進化していきます。そのプロセスを理解して環境の変化に対して適合する手続のあり方を模索していくほかありません。理想を持つことは大切だとは思いますが、独りよがりなものであれば、『角を矯《た》めて牛を殺す』結果となるかもしれません。

青木　多くの学者や実務家が倒産手続は一つであるとの考えを持っている、と思われます。これに対して裁判所の考え方は、丸投げされては負担が増大してしまう、手続を分離して中立人の側で手続選択をしてもらっている現状を維持していこうというものだと思われます。その調整はどうすればよいとお考えですか。

田山　裁判所の考え方は、個々の手続が洗練された完成度の高いもので、かつ申し立てる側が手続選択を適切に行えることを前提としています。この見解が現状に合っているかどうか疑問であるし、これから起こる変化は予測をはるかに超えたものになっていくかもしれません。

立法はもとより抽象度の高い表現でなされており、裁判所の解釈によって対応を図ろうとするでしょうが、自ずと限界というものがあります。経験からいって改正は常に後手に回るものであり、司法判断は現状維持的になされる傾向があるので一層深刻です。天文学でいう逆行現象（同じ恒星の周りを同一方向に公転している二つの惑星がある場合、公転速度の速い惑星と公転速度の遅い惑星が接近した状況を見たときに公転速度が遅い惑星が逆方向に遠ざかって行くように見える）が起こっているのです。

青木　司法制度改革後の法曹人口の急激な増加は、国民のアクセスを容易にする利点があるとされる反面、先輩弁護士の事務所に『居候弁《いそべん》』として入ることなく独立を余儀なくされる『即独《そくどく》』や軒先を借りるだけの『軒弁《のきべん》』に代表されるノウハウの継承がない弁護士を生み出しています。不適切な手続選択がされて同時廃止事件として申立がされた場合に現状は裁判所から予納金の積み立てを指示して完了を待って管財移行させるか別途個人再生の申立をすることを促すにとどまり手続の渋滞を招いています。対処方法についてお考えを聞かせてください。

田山　直ぐに実現することは難しいと思われますが、個人破産に関していえば同時廃止を基本形と考え、管財人がオプションとして付いたものが管財事件と考えると圧倒的に同時廃止の申立件数が多い現実と矛盾しません。また同時廃止は返済額がゼロの究極の再生だと考えると、同時廃止に再生計画が付いたものが個人再生と考えることができます。裁判所の訴訟指揮によって振り分けを図っていくことを提案したいと思います。それには管財事件の破産予納金の更なる低額化や更なる個人再生委員の養成と活用が必要となります。管財事件の破産予納金について、隣国である韓国は従来の一〇分の一である約三万円にしたそうです。

青木　管財事件が原則で同時廃止は例外であるという認識からするとコペルニクス的転回ともいうべき発想の転換ですが、大阪の「取りあえず同廃」や東京の「駄目もと同廃」への対処として必要となるかもしれませんね。本日は大変参考となる貴重なお話を聞かせていただきました。先輩が今後も健康で充実した日々を送られることを心から祈っています。

田山　有難うございます。裁判所を卒業した私にこのような発言の機会が与えられたことを大変喜んでいます。私は、執行や破産の部署で長く勤めましたが、押し寄せる荒波に翻弄される木端のような存在に過ぎなかったと思います。一人の私人となった今その活動の場が一層制限されて来るかもしれませんが、これからも精進を続け、「倒産法便覧」の編著者である小野章雄、弓削《ゆげ》雅彦両主任書記官の系譜に連なりたいと思います。

# 主要参考文献

## 【第一章】

・「連載はい6民ですお答えしますVOL．181」月刊大阪弁護士会2014．3月号
・和泉博「サラ金調停事件の機能と効果―〈大阪〉」民事訴訟雑誌32号

## 【第二章】

・長井秀典「大阪地裁における破産事件の事務改善の試み」判例タイムズ990号
・園尾隆司・杉浦徳宏・後藤邦茂・宇都宮健児・黒田泰行・佐藤りえ子・大川康平・植村京子「特集＝少額管財手続と即日面接―運用と課題」金融法務事情1584号
・深山雅也「Q17租税関係の処理」日本弁護士連合会倒産法制等検討委員会編「倒産処理と弁護士倫理―破産・再生事件における倫理の遵守と弁護過誤の防止」所収一般財団法人金融財政事情研究会

・植田智彦・岡本光弘「破産異時廃止事案における管財手続の合理化―大阪地裁における破産管財　事件処理の現状と課題―」判例タイムズ１１０９号
・森宏司「破産・民事再生に伴う訴訟中断と受継」判例タイムズ１１１０号
・「特集裁判実務からみた新破産法　東京・大阪・名古屋３地裁の新運用方針　全国倒産処理弁護士ネットワーク第３回全国大会シンポジウム報告」事業再生と債権管理第１０７号金融財政事情研究会
・「特集１破産・再生実務の現状と課題　全国倒産処理弁護士ネットワーク第４回全国大会シンポジウム報告」事業再生と債権管理第１１１号金融財政事情研究会
・田髙寛貴「多当事者間契約による自動車の所有権留保―最二小判平２２．６．４の評価と射程―」金融法務事情１９５０号
・「新版破産管財手続の運用と書式」編集大阪地方裁判所・大阪弁護士会新破産法検討プロジェクトチーム　新日本法規
・弁護士研修講座研修速報№３４０（平成２３年度破産管財事務研修初めての破産管財事務Ｑ＆Ａ５０　大阪地方裁判所裁判官／中尾彰　編集大阪弁護士会研修センター　発行大阪弁護士協同組合

## 【第三章】

・弁護士研修講座研修速報№３０１（平成２２年度　倒産手続実務・基礎研修　第１回「破産同時廃止手続申立」大阪地方裁判所第６民事部主任書記官　髙井昌一郎・山本弘之　大阪弁護士会尾島史賢）編集大阪弁護士会研修センター　発行大阪弁護士協同組合

・「連載　はい　６民です　お答えします（７５）」大阪弁護士会会報，０４・２　№３７６

・髙井昌一郎・北田新平「ロクミン通信倒産手続Ｑ＆ＡＶｏｌ．７大阪地方裁判所倒産実務研究会**Ｑｕｅｓｔｉｏｎ**⑯破産手続における同時廃止（同廃）決定とは何ですか**Ｑｕｅｓｔｉｏｎ**⑰債務者の代理人弁護士等から送付された債権調査票を記載するにあたっての留意点を教えてください**Ｑｕｅｓｔｉｏｎ**⑱法２５１条１項に基づく免責意見を申述するにあたっての留意点を教えてください」金融法務事情２０２９号

・平田敬一朗・北田新平「ロクミン通信倒産手続Ｑ＆Ａ①同時廃止事件から管財事件へ移行する場合と、②管財事件に移行した場合の債権者に対する影響を教えて下さい」金融法務事情２０５１号

## 【第四章】


・松村和徳「民事執行・保全判例研究第４回債務者の免責許可決定の確定と強制執行手続きの開始を妨げる事由（東京高決平２６，２，２５本誌１９９５号１１０頁）」金融法務事情２０３１号


## 【第五章】


・大阪地方裁判所・大阪弁護士会個人再生手続運用研究会編「改正法対応　事例解説個人再生～大阪再生物語」新日本法規
・石井眞司・鎌田薫・始関正光（司会）・筒井健夫・三上徹・桃尾重明・山本和彦・吉元利行「〈座談会〉改正民事再生法『住宅資金貸付債権に関する特則』をめぐる諸問題〔第一～五回〕」金融法務事情１５９９～１６０３号
・始関正光・筒井健夫・高山崇彦・堂薗幹一郎「個人債務者の新たな再生手続の概要（上・中・下）」金融法務事情１５９９～１６０１号
・『民事再生法第二四一条第三項の額を定める政令』の概説」金融法務事情１６０６号
・園尾隆司「個人債務者再生手続の概要と東京地裁における運用」ＮＢＬ７０５号
・園尾隆司・飛田千絵・瀬川元伸「個人債務者再生手続に関する東京地裁の運用方針とその解説」

NBL707号

・芝裕史「ロクミン通信倒産手続Q&AVol.6大阪地方裁判所倒産実務研究会Question1裁判所から個人再生手続の開始決定通知書及び債権者一覧表が送付されてきました。送付されてきた債権者一覧表の当方の債権の記載内容には異存はありません。このような場合でも債権届出をする必要がありますか?・Question2裁判所から個人再生手続の開始決定通知があり、債権者一覧表の当方の債権の記載内容に異存があったので債権届出をしたところ、届け出た再生債権について再生債務者が異議を述べた旨の通知書が裁判所から送付されてきました。同封されていた再生債務者作成の異議書には異議理由が記載されていましたが、納得のいく理由ではありませんでした。再生債務者に対する債務名義（判決、公正証書等）は有していません。どのように対応すべきでしょうか。Question3取引のある債務者に個人再生手続開始決定がなされていることを官報で知りましたが、既に債権届出期間が経過していました。裁判所から開始決定の通知はもらっていませんでしたので、裁判所に確認したところ、債務者が提出した債権者一覧表に当方の記載がないとのことでした。今からでも債権届出（届出の追完）はできますか?・Question4貸金100万円の返還請求の訴訟係属中に、被告に個人再生手続の開始決定がありました。係属中の訴訟手続はどうなりますか?・Question5再生債務者から

1年間は再生計画（弁済率20％、弁済期間3年）の履行がありましたが、その後履行されなくなりました。個人再生手続き内で確定した再生債権の総額は600万円で、そのうち当方の債権額は150万円です。再生債権について債務名義（判決、公正証書等）は有していません。どうしたらよいでしょうか？・Ｑｕｅｓｔｉｏｎ６保証債務履行請求訴訟を提起したところ、被告は、保証の事実は認めましたが、被告に個人再生手続の開始決定があったこと、当方の債権が再生債権に該当する事実、再生計画認可決定が確定していることの主張をし、被告が個人再生手続をとっていたことを初めて知りました。裁判所から個人再生手続き開始決定の通知はもらっていませんでしたので、個人再生事件記録を閲覧したところ、債務者である被告が提出した債権者一覧表に当方の記載はありませんでした。このような場合、再生計画で定められた内容で弁済を受けることはできるのですか？・Ｑｕｅｓｔｉｏｎ７個人再生手続において、再生手続の申立ての棄却、再生手続廃止、再生手続不認可、再生計画取消しの決定が確定した場合、裁判所は職権で破産手続開始の決定をするのですか？」金融法務事情2021号

## 【第六章】

・中本和洋「特殊な債権者を擁する破産事件（Ⅳ）――病院の破産」園尾隆司・中島肇編「新・裁

判実務体系10破産法」所収　青林書院
・大山敬義「特集M&Aの実務と事業再生・・・事例編（続）『地域1番店』ホテルの再生型M&A事例～民事再生を申請して再生ファンドを活用」事業再生と債権管理107号
・中藤力「特殊な債権者を擁する破産事件（Ⅱ）――旅行会社の破産」園尾隆司・中島肇編「新・裁判実務体系10破産法」所収　青林書院

## 【全体】

・長井秀典・戸田久「大阪地裁における倒産処理の概況」金融法務事情1510号
・小久保孝雄・大須賀綾子・中尾彬「大阪地方裁判所第6民事部における事件処理の概況」判例タイムズ1340号
・小久保孝雄「大阪地方裁判所における新破産法施行後の破産実務と今後の課題」法の支配153号
・久米裕子・日景聡・和田はる子「大阪地方裁判所第6民事部における倒産事件処理の概況」民事法情報241号
・日景聡・島田正人「大阪地方裁判所の破産事件における過払い金処理に関する新たな運用について」判例タイムズ1246号

・小久保孝雄・伊藤一夫・佐々木清一「大阪地方裁判所第6民事部における破産事件処理の概況」民事法情報265号
・安達拓「平成25年の破産事件の概況を見る　大阪地方裁判所における破産事件の運用状況」金融法務事情1989号
・田中浩一郎「ロクミン通信倒産手続Q＆AVol．1大阪地方裁判所倒産実務研究会Question①債権者が破産事件に関する情報を得るにはどうすればよいですか」金融法務事情　1985号
・山本和彦「《講演録》事業再生の最近の潮流――地域活性化に向けた柔軟な発想――」金融法務事情2045号
・大阪地方裁判所第6民事部編「破産・個人再生の実務Q＆A　はい6民ですお答えします（全訂新版）」大阪弁護士協同組合
・「法律事務の手引　別冊債権整理編（任意整理・破産申立・管財業務・個人再生）全訂第9版」大阪弁護士会・大阪弁護士協同組合
・松井信憲「商業登記ハンドブック」商事法務
・藤原勇喜「倒産法と登記実務　第3版」民事法研究会
・河合保弘・安藤ゆかり「会社の継ぎかたつぶしかた」日経BP社

・河合保弘・杉谷範子・鈴木健彦・天谷暁子・宮本潔「中小企業の経営承継　長寿企業に通じる分析・計画・リスクマネジメントの実務と12の相談事例」日本加除出版
・伊藤眞「破産法・民事再生法」有斐閣
・中野貞一郎・道下徹編「基本法コンメンタール　破産法」日本評論社
・山本克己・小久保孝雄・中井康之編「新基本法コンメンタール　破産法」日本評論社
・竹下守夫編集代表「大コンメンタール破産法」青林書院
・田原睦夫・山本和彦監修　全国倒産処理弁護士ネットワーク編「注釈破産法　上下」一般社団法人金融財政事情研究会
・全国倒産処理弁護士ネットワーク編「破産実務Q&A150問」金融財政事情研究会
・麻上正信・谷口保平編「注解和議法」青林書院
・ジュリスト増刊「民事再生法逐条研究解釈と運用」有斐閣
・山本克己・小久保孝雄・中井康之編「新基本法コンメンタール　民事再生法」日本評論社
・ダニエル・H・フット「裁判と社会　司法の『常識』再考」NTT出版
・兼子一・竹下守夫「裁判法〔新版〕法律学全集34」有斐閣
・日本弁護士連合会編「簡易裁判所　庶民の裁判所をめざして」日本評論社

・泉徳治「私の最高裁判所論――憲法の求める司法の役割」日本評論社
・山名学「講演　裁判所書記官の現状と課題」会報書記官第２９号
・杜下弘記「講演　書記官事務と書記官制度について」会報書記官第３３号
・「最高裁判所長官挨拶（平成２４年６月１３，１４日開催の高等裁判所長官、地方裁判所長及び家庭裁判所長会同におけるもの）」裁判所時報第１５５７号
・「平成２４年度長官所長会同協議結果概要」裁判所時報第１５５８号
・金子　由芳編「コロナ禍の中小企業と法変化」神戸大学出版会

# 付　録１

## 破産するとできない職業など

破産手続開始決定が出ると、破産者の財産管理処分権が破産管財人に移ります。また破産債権者は破産手続外で権利を行使することができなくなります。破産者は、説明義務や重要財産開示義務を負うことになります。説明義務を尽くす必要から居住制限が生じ、手続を妨げるときは引致を受けます。破産管財人の調査のために通信の秘密に制限を受けます。各種法律が政策的理由で以下のように資格制限を定めています。選挙権被選挙権には影響がありません。

【あ行】

・アルコール普通売捌人（アルコール売捌規則第４０条）
・位階有位者（位階令第６条）
・宇宙開発委員会委員（宇宙開発委員会設置法第７条）
・沖縄振興開発金融公庫役員（沖縄振興開発金融公庫法第３３条）
・卸売業者（卸売市場法第１７条）

【か行】

・外国証券業者（外国証券業者に関する法律第５条）
・外国法事務弁護士（日本弁護士連合会、外国法事務弁護士記章規則第６条）
・科学技術会議議員（科学技術会議設置法第７条）
・貸金業者（貸金業の規制等に関する法律第６条）
・割賦購入あっせん業者（割賦販売法第３３条）
環境衛生金融公庫役員（環境衛生金融公庫法第３１条）

・簡易郵便局長（簡易郵便法第３条の２）
・教育委員会委員（地方教育行政の組織及び運営に関する法律第４条、第９条）
・行政書士（行政書士法第５条）
・共同鉱業権者（鉱業登録令第５１条）
・漁業信用基金協会会員（中小漁業融資補償法第１６条）
・漁船保険組合の組合員（漁船損害等補償法第２４条）
・金融先物取引所会員（金融先物取引所法第１９条）
・下水道処理施設維持管理業者（下水道処理施設維持管理業者登録規程第６条）
・警備業者（警備業法第３条）
・警備員（警備業法第７条）
・警備員指導教育責任者等（警備業法第１１条の３）
・警備員等の受検（警備員の検定に関する規則第５条）
・検察審査員（検察審査会法第５条）
・原子力委員及び原子力安全委員（原子力委員会及び原子力安全委員会設置法第５条）
・建築事務所開設者（建築士法第２３条の４）
・建築審査会委員（建築基準法第８０条の２）
・建築設備資格者（建築設備資格者登録規定第６条）
・（一般、特定）建設業（建設業法第８条、第１７条）
・建設工事紛争審査会委員（建設業法第２５条の４）
・（都道府県）公害審査会委員（公害紛争処理法第１６条）
・公安審査委員会長及び委員（公安審査委員会設置法第７・条、第８条）
・公営企業金融公庫役員（公営企業金融公庫法第３６条）

・公害等調整委員会長及び委員（公害等調整委員会設置法第９条、第１０条）
・後見人、後見監督人（民法第８４７条、第８５２条）
・公証人（公証人法第１４条）
・公正取引委員会の委員長及び委員（私的独占の禁止及び公正取引の確保に関する法律第３１条）
・公認会計士、公認会計士補（公認会計士法第４条）
・港湾労働者雇用安定センター（港湾労働者法第１２条）
・国際委員会委員（ユネスコ活動に関する法律第１１条）
・国際観光レストラン（国際観光レストラン登録規程第４条）
・国民金融公庫役員（国民金融公庫法第２９条）

【さ行】
・住宅金融公庫役員（住宅金融公庫法第３２条）
・塩販売人（塩専売法第２２条）
・質屋（質屋営業法３条）
・司法修習生（司法修習生に関する規則１７条）
・司法書士（司法書士法第４条）
・受託者（信託法第５条）
・社会保険審査会委員（社会保険審査官及び社会保険審査会法第２４条、第２５条）
・社会保険労務士（社会保険労務士法第５条）
・証券業（証券取引法第３２条）
・証券金融会社役員（証券取引法第１５６条の４、第１５６条の１０）
・証券取引外務員（証券取引法第６４条の２）

・商工会議所会員（商工会議所法第１５条）
・商工会の役員（商工会法第３２条）
・商品投資顧問業（商品投資に係る事業の規則に関する法律第３２条）
・商品投資販売業（商品投資に係る事業の規則に関する法律第６条）
・商品取引所会員（商品取引所法第２４条）
・商品取引所役員（商品取引所法第５７条）
・人事官（国家公務員法第５条、第８条）
・信用金庫等の役員（信用金庫法第１７条）
・証券業（証券取引法第３２条）
・証券取引外務員（証券取引法第６４条の２）
・証券金融会社役員（証券取引法第１５６条の4、第１５６条の１０）
・信託会社（証券投資信託法第７条）
・政策委員会任命委員（日本銀行法第１３条の６）
・製造たばこの特定販売業の登録（たばこ事業法第１３条）
・製造たばこの特定販売業者（たばこ事業法第１７条）
・生命保険募集人及び損害保険代理店（保険業法第２７９条）
・税理士（税理士法第４条）
・船主相互保険組合（船主相互保険組合法第１７条）
・測量業者（測量法第５５条の６）

【た行】

・宅地建物取引業（宅地建物取引業法第５条）
・宅地建物取引主任者（宅地建物取引業法第１８条）

・地質調査業者（地質調査業者登録規程第６条）
・地方競馬全国協会役員（競馬法第２３条の１３）
・中小企業金融公庫役員（中小企業金融公庫法第３１条）
・中小企業指導事業の診断を担当する者（中小企業指導事業の実施に関する基準を定める省令第４条）
・中小企業信用保険公庫役員（中小企業信用保険公庫法第２７条）
・調教師又は騎手（競馬法執行規則第３条）
・著作権に関する仲介人（著作権ニ関スル仲介業務ニ関スル法律執行規則第１３条）
・通関業（通関業法第６条）
・通関士（通関業法第３１条）
・抵当証券業者（抵当証券の規則等に関する法律第６条）
・鉄道事業、索道事業（鉄道事業法第６条）
・土地家屋調査士（土地家屋調査士法第４条）
・土地鑑定委員（地価公示法第１５条）
・土地収用委員及び予備委員（土地収用法第５４条）

【な行】
・日本開発銀行役員（日本開発銀行法第４１条）
・日本中央競馬会役員（日本中央競馬会法第１３条）
・日本輸出入銀行役員（日本輸出入銀行法第４３条）
・農水産業協同組合貯金保険機構運営委員会委員（農水産業協同組合貯金保険法第１９条）
・農林漁業金融公庫役員（農林漁業金融公庫法第３０条）

【は行】

・陪審員（陪審法第１３条）
・（一般、産業、特別管理産業）廃棄物処理業者（廃棄物の処理及び清掃に関する法律第４条、第１６条、第１６条の２）
・風俗営業を営もうとする者（風俗営業等の規制及び適正化等に関する法律第４条）
・風俗営業の営業所管理者（風俗営業等の規制及び適正化等に関する法律第２４条）
・調査員（風俗環境浄化協会に関する規則第４条）
・不動産鑑定士、不動産鑑定士補（不動産の鑑定評価に関する法律第１６条）
・不動産鑑定業者（不動産の鑑定評価に関する法律第２５条）
・不動産特定共同事業を営もうとする者（不動産特定共同事業法第６条、３６条）
・弁護士（弁護士法第６条）
・弁理士（弁理士法第５条）
・補償コンサルタント（補償コンサルタント登録規程第６条）
・北海道東北開発公庫役員（北海道東北開発公庫法第３４条）
・株式会社たる保険業の役員（保険業法第１６条の３）
・相互会社たる保険業の取締役、監査役（保険業法第６０条、第６２条）

【ま行】
・（第三者発行型）前払式証票の発行者（前払式証票の規則等に関する法律第９条）

【や行】

・遺言執行者（民法第１００９条）
・有価証券に関する投資顧問業（有価証券に関する投資顧問業の規制に関する法律第７条）
・預金保険機構運営委員会委員（預金保険法第１９条）

【ら行】
・旅行業者（旅行業法第６条）
・旅行業務取扱主任者（旅行業法第１１条の３）
・（一般）労働者保険業者（労働者派遣事業の適正な運営の確保及び派遣労働者の就業条件の整備等に関する法律第６条）
・労働保険審査会委員（労働保険審査官及び労働保険審査会法第３０条、第３１条）

現行会社法では取締役は、破産によって就けない資格ではなくなり株主総会で選任されたら就任できることになりました。また上記の資格制限は、免責許可決定が確定した場合や免責を受けることができなかったとしても詐欺破産罪で有罪の確定判決を受けることなく１０年が経過した場合には回復します。これを復権といいます。

## 付　録２

## 破産しても手元に残される財産

生活に不可欠な財産は残されます。普通預金口座は解約されません。持ち家も直ちに出て行かなければならないわけではありません。抵当権の行使を受けるか、破産管財人が売却するまでは猶予されることがあります。住み続けたいときはリースバックという手法がありますが、利害関係人との交渉が難しいので個人再生の申立をして住宅資金特別条項を使うことを破産申立前に考慮すべきです。借家で賃料を滞納している場合などは家主に解除権があるため引き続き住もうと思えば新たに契約を結び直す必要があります。以下、内部研修の資料を引用します。

１　破産手続開始後に破産者が新たに取得した財産

２　差押禁止財産又はこれに準じる財産

ア　民事執行法上の差押禁止財産

①　生活に欠くことが出来ない衣服、寝具、家具、台所用具、畳及び建具（１３１①）

②　１月間の生活に必要な食料および燃料（１３１②）

③　農具等（１３１④）

④　漁具等（１３１⑤）

⑤　業務に欠くことが出来ない器具等（１３１⑥）

⑥　実印等（１３１⑦）

⑦　礼拝又は祭祀に欠くことが出来ない物（１３１⑧）

⑧　商業帳簿等（１３１⑨）

⑨　名誉を表彰する物（１３１⑩）

⑩　学習に必要な物（１３１⑪）

⑪　発明または著作に係る物で未発表の物（１３１⑫）

⑫　義手等（１３１⑬）

⑬　避難器具等（１３１⑭）

⑭　教会その他の慈善団体から生計を維持するために支給を受ける継続的給付の４分の３に相当する額（１５２Ⅰ①）

⑮　給料、賃金、俸給、退職年金及び賞与並びにこれらの性質を有する給与に係る債権の４分の３に相当する額（１５２Ⅰ②）

⑯　退職手当及びその性質を有する給与に係る債権の４分の３に相当する額（１５２Ⅱ）

イ　９９万円以内の現金

ウ　特別法上の差押禁止財産

①　社会保険としての公的年金

恩給法１１Ⅲ、国家公務員等共済組合法４９、地方公務員等共済組合法５１、私立学校教職員共済組合２５、農林漁業団体職員共済組合３３Ⅰ、厚生年金保険法４１Ⅰ、１３６、国会議員互助年金法６

②　他の社会保険給付

国民年金法１５①を除く他の給付（障害年金、母子年金、準母子年金、寡婦年金、死亡一時金、老齢福祉年金）、国家公務員等共済組合法上の長期給付のうち同法７２Ⅰ①ないし④を除く他の給付（障害年金、障害一時金、遺族年金、通算遺族年金）、同法上の医療保険その他の給付を含む短期給付（地方公務員等共済組合法、私立学校教職員共済組合法、農林漁業団体職員共済組合法、船員保険法も同）

③　医療健康保険その他の部門の社会保険

健康保険法６８、国民健康保険法６７、雇用保険法１１

④　公的扶助、援助に関する給付

生活保護法５８、児童福祉法５７の２Ⅱ、児童扶養手当法２４、児童手当法１５、母子保健法２４、老人保険法４５、身体障害者福祉法４５、戦傷病者戦没者遺族等援助法４７、未帰還者留守家族等援護法３１、引揚者給付金等支給法２０、未帰還者に関する特別措置法１１、戦没者等の妻に対する特別給付金支給法９、戦没者等の遺族に対する特別弔慰金支給法１１、戦傷病者等の妻に対する特別給付金支給法９、戦没者の父母等に対する特別給付金支給法１１、引揚者等に対する特別交付金の支給に関する法律１１、原子爆弾被爆者の医療等に関する法律１９、原子爆弾被爆者に対する特別措置に関する法律１２　等

⑤　災害補償、損害賠償等の請求権

労働基準法８３Ⅱ、船員法１１５、労働者災害補償保険法１２の５Ⅱ、農業災害補償法８９，１３２，１４２、刑事補償法２２、警察官の職務に協力援助した者の災害給付に関する法律１０、海上保安官に協力援助した者等の災害給付に関する法律７、証人等の被害についての給付に関する法律１０、連合国占領軍等の行為等による被害者等に対する給付金の支給に関する法律２３、国家公務員災害補償法７Ⅱ、地方公務員災害補償法６２Ⅱ、公立学校の学校医、学校歯科医及び学校薬剤師の公務災害補償に関する法律１１Ⅱ、日本学校健康会法４４、自動車損害賠償保障法１８，５４の５Ⅰ、７４

⑥　その他

簡易生命保険法５０（平成３．３．３１以前契約)、石炭鉱業合理化臨時措置法３５の５、砂防法３７Ⅱ

エ　性質上差押の許されない財産

①　帰属上の一身専属権

親族の扶養請求権

②　行使上の一身専属権

離婚に伴う財産分与請求権、具体化される前の慰謝料請求権

３　財産価値がない等の理由で破産管財人が財団から放棄した財産

４　裁判所が自由財産の範囲を拡張して認めた財産

事業用資産が差押禁止財産となる「業務に欠くことができない」財産かどうかの判断は、破産者の仕事の規模や態様、当該財産を利用することができないことによって受ける影響の程度等の個別具体的な事情を考慮して決定されるので破産手続開始前に破産者の方で十分説明して破産裁判所や破産管財人の了解を取ってからその財産を使用した事業継続を決断することが必要です。

拠出型企業年金保険等の私的年金は、破産管財人が解約して破産財団に組み入れますが、既に支給開始になっているものについては、一定の範囲で保護されます。

和解等で具体化した後の慰謝料請求権は破産財団に属します。

事務所倉庫などの敷金、賃借保証金、取引先に対する売掛金等について自由財産拡張が認められて事業を続けることが

出来ることもあります。そのためにはそれらが破産者の経済的再生に必要かつ相当であることを要します。

## 付　録３

## 破産しても払わなければならない？

破産しても免責を受けなければ借金はチャラになりません。免責が認められない事情があってしかも裁判所による裁量免責が認められない場合があります。そもそも免責の対象とならない請求権である場合もあります。なお、保証人の義務には影響がありませんから保証人も一緒に破産免責の申立をする必要がある場合もあります。

### １　免責が認められない事情

①　財産の隠匿、損壊、債権者に不利益な処分等をした

②　著しく不利益な条件で借り入れるか、信用取引で得た商品を換金して当座の資金を捻出する行為をした

③　特定の債権者に対して偏頗な担保設定や債務消滅行為をした

④　パチンコ、競輪、賭博等による著しい財産減少行為をした

⑤　詐術による信用取引をした

⑥　帳簿隠滅・偽造等をした

⑦　虚偽の債権者名簿の提出をした

⑧　調査における説明拒否・虚偽説明をした

⑨　管財業務等妨害をした

⑩　過去７年以内に免責決定がされた

⑪　破産法上の義務違反をした

### ２　免責の対象とならない請求権

①　租税等の請求権

②　横領等悪意で加えた不法行為に基づく損害賠償請求権

③　歩行者天国に自動車で突入し人を殺傷するなど故意または重大な過失により加えた人の生命または身体を害する不法行為に基づく損害賠償請求権

④　養育料等親族関係に係る請求権

⑤　雇用関係に基づいて生じた使用人の請求権・預り金返還請求権

⑥　破産者が知りながら債権者名簿に記載しなかった請求権

⑦　罰金等の請求権

破産債権者は、破産者の免責について反対するときには、意見申述期間内に「免責に関する意見申述書」に破産者の免責が認められない事情が１の①ないし⑪のどれに該当するか（パチンコ、競馬に興じていたなど）記載して裁判所に提出し具体的な証拠（写真、第三者の供述書など）を示す必要があります。債権者が破産申立前に申立代理人に対して提出した「債権調査票」に記載した意見を裁判所は考慮しますが、正式な反対の意思表示とは扱われません。免責決定後に争う手段として、確定前であれば即時抗告があり確定後には取消を求める制度があります。

２に記載した免責の対象とならない請求権の債権者は、通常裁判所に履行請求の訴えを起こして勝訴判決を得て破産者の雇い主に対する給与支払請求権などの破産開始後に得た財産について差し押さえをすることが出来ます。

租税債権が破産開始決定後に納期限が到来するもの又は納期限から１年を経過していないものであるときは財団債権であるので本条がなくても免責されません。納期限から１年を

経過したものや関税、登録免許税など破産債権である性格を有するであるものに限り非免責債権となります。

調停調書等により具体的に発生している夫婦間の協力及び扶助の義務、婚姻から生ずる費用の分担の義務、子の看護に関する義務、親族間の扶養に関する義務等に係る請求権は非免責債権となります。

破産者に雇われていた人の未払い給与退職金については、退職前３カ月間の給料総額に相当する額は財団債権であり、破産開始決定前３カ月より前の給料債権及び財団債権とならない退職金が非免責債権として破産者に請求できます。それ以外に破産管財人の証明を受けて独立行政法人労働者健康福祉機構の立替払制度の利用ができます。破産管財人は、裁判所の監督のもとより多くの財産を集め出来るだけ高価に処分して配当財団の形成に努力し、物的担保を持つ債権者や公債権に譲歩を求めて交渉して高額配当を実現します。元従業員の方に帳簿のことや賃金計算、在庫、什器備品の処分で協力を求めることもあります。

国民健康保険料について、破産手続開始決定後に具体的納期限が到来する分の自治体の取扱いは統一されていません。必ずしも破産者本人から徴収するわけではなく、当年度分全体を財団債権として交付要求するところもあります。

## 付　録４

## 債務整理を思い立ったら

倒産手続は裁判ですから裁判所はあなたの立場に立って相談に応じることはできません。直接裁判所の窓口に行くのではなく、法テラス等の法律相談を受けて手続選択をしたうえで、同時廃止しかない場合に限り、弁護士等に依頼せず破産申立を行うことができます。その際には書記官から書式を受け取って記載の仕方について説明を受けて下さい。弁護士等に依頼する費用がないと思われるかもしれません。しかし過払い金を回収して弁護士等の報酬に充てることができる場合や法律扶助制度を利用できる場合もあるので実際に本人申立を行うケースはごく少数です。弁護士や司法書士が受任通知を発すれば請求が止まること、自分で完全な申立書を作成して提出するまで又受理された後も破産開始され免責確定に至るまでには何度も裁判所に足を運ばなければならず債権者が異議を出して免責を得るために攻防をする場合もあることなどを考慮すると本人が手続することはお勧め出来ません。

### １　準備する書面

・債権者名、債権者の連絡先、負債額等の分かる請求書等の書類または債務者作成のメモ

・住民票（世帯全員、本籍地の記載のあるもので省略がないもの。但しマイナンバーは記載がないもの。）

・源泉徴収票、確定申告書、市府民税課税証明書等の所得証明書２年分

・給与明細書（申立直近２ヵ月分）

・生活保護受給証明書等
・戸籍謄本
・通帳（保険、免責不許可事由の確認のため）
・生命保険に加入している場合は保険証書、解約返戻金額証明書
・賃貸借契約書
・不動産登記簿謄本
・車検証
・水道光熱費の領収証

## 2　費用

・予納金（官報公告掲載費用）

個人破産管財招集型１５，４９９円、非招集型２０，３１５円、同時廃止１１，８５９円、法人管財招集型１４，７８６円、非招集型１９，６０２円、同廃・管財移行の追納額３，６４０円、個人再生１３，７４４円（釣り銭が必要とならないようにしてください。消費税増税等の事情で改定されることがあります。）

・収入印紙

破産１，０００円（債権者申立は２０，０００円）、免責５００円、個人再生１０，０００円

・郵便切手

申立代理人から破産管財人に引き継ぐのは約５，０００円ですが、裁判所に予納する額及び内訳など詳細は管轄裁判所に確認してください。

・弁護士等報酬

推測ですが、１５万円から６０万円位です。

## 3　手続に要する期間

破産は、免責を含めて４カ月から１年、個人再生は４カ月から半年、いずれも事案によってはそれ以上かかる場合があります。

（管轄裁判所）

営業者であるときは、営業所の所在地、営業者でない場合または営業者で営業所がないときは、住所地を管轄する地方裁判所。

法人と代表者、相互に連帯債務者、主たる債務者と保証人、夫婦の関係がある場合にはそのうちの１人について、破産申立が係属している地方裁判所にはもう一方の破産申立についても管轄がある。

大阪地方裁判所―――大阪市、池田市、箕面市、豊能郡、豊中市、吹田市、摂津市、茨木市、高槻市、三島郡、東大阪市、八尾市、枚方市、守口市、寝屋川市、大東市、門真市、四条畷市、交野市

堺支部―――堺市、高石市、大阪狭山市、富田林市、河内長野市、南河内郡、羽曳野市、松原市、柏原市、藤井寺市

岸和田支部―――岸和田市、泉大津市、貝塚市、和泉市、泉北郡、泉佐野市、泉南市、阪南市、泉南郡

付録5

## 相　談　先

〈法テラス大阪〉

電話　０５７０－０７８３２９

〒５３０－００４７

大阪市北区西天満１－１２－５

大阪弁護士会館Ｂ１Ｆ

時　間

| | |
|---|---|
| 日曜日 | 定休日 |
| 月曜日 | 9時00分～17時00分 |
| 火曜日 | 9時00分～17時00分 |
| 水曜日 | 9時00分～17時00分 |
| 木曜日 | 9時00分～17時00分 |
| 金曜日 | 9時00分～17時00分 |
| 土曜日 | 定休日 |

〈法テラス堺〉

電話　０５７０－０７８３３１

〒５９０－００７５

堺市堺区南花田口町２－３－２０

三共堺東ビル６Ｆ

大阪以外については、インターネットで「お近くの法テラス（地方事務所一覧）」で検索して調べて下さい。予約により無料法律相談が利用できます。
付録４に記載された書類を準備して相談して下さい。

**〈大阪弁護士会総合法律相談センター〉**

所在施設：大阪弁護士会

所在地：〒530-0047

大阪府大阪市北区西天満１丁目１２－５

大阪弁護士会館 1F

時　間

| | |
|---|---|
| 日曜日 | 定休日 |
| 月曜日 | 9 時 00 分～ 20 時 00 分 |
| 火曜日 | 9 時 00 分～ 20 時 00 分 |
| 水曜日 | 9 時 00 分～ 20 時 00 分 |
| 木曜日 | 9 時 00 分～ 20 時 00 分 |
| 金曜日 | 9 時 00 分～ 20 時 00 分 |
| 土曜日 | 10 時 00 分～ 16 時 00 分 |

電話：06-6364-1248

**〈大阪市役所〉**

「区役所での法律相談」別紙１のとおり

**〈堺市役所〉**

「堺市の法律相談」別紙２のとおり

**〈大阪司法書士会〉**

法テラスの連携機関として
　司法書士総合相談センターを開設

予約電話番号　06-6943-6099
予約受付時間　毎週月～金曜日（祝日除く）、
　　　　　　　午前１０時～午後４時

労働者の解雇や休業補償などに関する相談
別紙３のとおり

別紙１

区　役　所　で　の

新型コロナウイルス感染症（COVID‐19）の感染拡大防止に向けた予防対策を、次のとおり実施させていただきます。
**・マスク着用の徹底をお願いいたします。**
**・体調不良とお見受けされる場合は、相談ブースへの入室をお断りすることがあります。**

| 区名 | 法律相談 | 受付※1 |
|---|---|---|
| 北区 | 第１・３水曜日 | 当日予約（9:00～） |
| 都島区 | 第１・２・３水曜日 | 当日予約（9:00～） |
| 福島区 | 第１・２・３・４火曜日 | 当日予約（9:00～） |
| 此花区 | 第２・４月曜日 | 【行政オンラインシステム予約】<br>相談日１週間前（祝日の場合は翌開庁日）の9:00～前々開庁日の17:30（先着８名）<br>【電話予約】<br>当日予約（9:00～） |
| 中央区 | 第１・２・３・４火曜日 | 当日予約（9:00～） |
| 西区 | 第１・３金曜日 | 当日予約（9:00～） |
| 港区 | 第１・２・３・４火曜日 | 当日予約（9:00～） |
| 大正区 | 第１・２・３・４水曜日 | 当日予約（9:00～） |
| 天王寺区 | 第１火曜日・第２水曜日・第３木曜日・第４金曜日 | 当日予約（9:00～） |
| 浪速区 | 第１・２・３・４水曜日 | **前日※2予約（9:00～）** |
| 西淀川区 | 第１・２・３・４木曜日 | 当日予約（9:00～） |
| 淀川区 | 第１・３水曜日、第２・４火曜日 | **前日※2予約（12:00～）** |
| 東淀川区 | 第１・２・３・４木曜日 | 当日予約（9:00～） |
| 東成区 | 第１・２・３・４木曜日 | **前日※2予約（12:00～）** |
| 生野区 | 第２・３・４火曜日 | 当日予約（9:00～） |
| 旭区 | 第１・３・４水曜日 | **前日※2予約（9:00～）** |
| 城東区 | 第２・３・４水曜日 | **前日※2予約（12:30～）** |
| 鶴見区 | 第２・４金曜日 | 当日予約（9:00～） |
| 阿倍野区 | 第１・３水曜日 | 当日予約（9:00～） |
| 住之江区 | 第１・２・４火曜日 | 当日予約（9:00～） |
| 住吉区 | 第１・３木曜日、第２・４水曜日 | 当日予約（9:00～） |
| 東住吉区 | 第１・２・３・４火曜日 | 当日予約（9:00～） |
| 平野区 | 第１・２・３・４木曜日 | 当日予約（9:00～） |
| 西成区 | 第１金曜日、第３火曜日 | **当日抽選（12:45）※3** |

★対　　象　　大阪市内にお住まいの方（市内在住であれば、どちらの区役所でもご相談いただけます）
☆利用料（費用）　無料
★相談時間　　１３：００～１７：００（相談時間：お一人３０分間。（相談後に弁護士が記録を作成する時間や入れ替
☆受付方法　　**◎予約制の区は、電話でのみ（此花区は行政オンラインシステムおよび電話でのみ）予約を受け付けてい**
**（浪速区・旭区は前日９時から。淀川区・東成区は前日１２時から。城東区は前日１２時３０分から。そ**
★留意事項　　**・５月２日～６日、８月11日～16日、12月26日～31日、１月１日～６日は、いずれの区役所でも法律相談**
・法律相談実施日が祝日の場合や、年度初め、ゴールデンウィーク、年末年始などは日程を変更すること
詳しくは事前に各区役所にお問い合わせください。

※1　当日予約は、法律相談実施日の当日になります。　※2　前日が祝日の場合は、直前の開庁日に行います。　※3　定員に達しな
※1・※2・※3　予約が定員に達した時点で受付を終了させていただきます。（淀川区・東淀川区・城東区独自の取組として、予約キ
※　弁護士が扱う法律問題ではない等、担当弁護士の判断によっては、その旨を説明し相談を終了させていただくことがあります。
※　できるだけ多くの方に法律相談をご利用いただくため、同一・同種の案件について、反復的・継続的に法律相談をご利用になる

## 法 律 相 談

| お問合わせ（各区法律相談担当） | 予約電話番号 | 区役所所在地 | 最寄り駅 |
|---|---|---|---|
| 06-6313-9683 | 同左 | 北区扇町2-1-27 | (Osaka Metro)扇町/（ＪＲ）天満 |
| 06-6882-9683 | 同左 | 都島区中野町2-16-20 | (シティバス)都島区役所前 |
| 06-6464-9683 | 同左 | 福島区大開1-8-1 | (Osaka Metro)野田阪神/（ＪＲ）野田 |
| 06-6466-9683 | 同左 | 此花区春日出北1-8-4 | (シティバス)此花区役所/(阪神)千鳥橋 |
| 06-6267-9683 | 同左 | 中央区久太郎町1-2-27 | (Osaka Metro)堺筋本町 |
| 06-6532-9683 | 同左 | 西区新町4-5-14 | (Osaka Metro)西長堀 |
| 06-6576-9978 | 同左 | 港区市岡1-15-25 | (Osaka Metro/ＪＲ)弁天町 |
| 06-4394-9683 | 同左 | 大正区千島2-7-95 | (シティバス)大正区役所前 |
| 06-6774-9683 | 同左 | 天王寺区真法院町20-33 | (Osaka Metro)四天王寺前夕陽ヶ丘/（ＪＲ）桃谷 |
| 06-6647-9683 | 同左 | 浪速区敷津東1-4-20 | (Osaka Metro)大国町 |
| 06-6478-9683 | 同左 | 西淀川区御幣島1-2-10 | (ＪＲ)御幣島 |
| 06-6308-9683 | 06-6308-9430 | 淀川区十三東2-3-3 | (阪急)十三 |
| 06-4809-9683 | 同左 | 東淀川区豊新2-1-4 | (シティバス)豊新二丁目/東淀川区役所前 |
| 06-6977-9683 | 06-6977-9040 | 東成区大今里西2-8-4 | (Osaka Metro)今里 |
| 06-6715-9683 | 同左 | 生野区勝山南3-1-19 | (シティバス)生野区役所 |
| 06-6957-9683 | 同左 | 旭区大宮1-1-17 | (Osaka Metro)千林大宮/(京阪)森小路 |
| 06-6930-9683 | 06-6930-9097 | 城東区中央3-5-45 | (Osaka Metro)蒲生四丁目 |
| 06-6915-9683 | 06-6915-9954 | 鶴見区横堤5-4-19 | (Osaka Metro)横堤 |
| 06-6622-9683 | 同左 | 阿倍野区文の里1-1-40 | (Osaka Metro)文の里 |
| 06-6682-9683 | 同左 | 住之江区御崎3-1-17 | (シティバス)住之江区役所前 |
| 06-6694-9683 | 同左 | 住吉区南住吉3-15-55 | (南海)沢ノ町/（ＪＲ）我孫子町 |
| 06-4399-9683 | 同左 | 東住吉区東田辺1-13-4 | (Osaka Metro)駒川中野 |
| 06-4302-9683 | 同左 | 平野区背戸口3-8-19 | (Osaka Metro)平野 |
| 06-6659-9683 | | 西成区岸里1-5-20 | (Osaka Metro)岸里 |

りの時間なども含みます。））
ます。
の他の区は相談日当日の９時から。）
を開催しません。
があります。

い場合は16:00まで受付。
ャンセル待ち対応を実施しています。）

ことは、お控えいただきますよう、お願い致します。

# 別紙２　堺市役所での法律相談

堺市の法律相談(令和4年4月11日現在)

| | | | |
|---|---|---|---|
| | | **堺区役所**<br>**企画総務課**<br>電話:072-228-7403 | **中区役所**<br>**企画総務課**<br>電話:072-270-8181 |
| （相談内容に関わらず、区ごとに年度内1回限り）<br>1回25分以内<br><br>【面談相談のみ】 | 相談日 | 月曜・<br>水曜・<br>金曜日 | 火曜・<br>木曜日 |
| | | | |
| | 予約開始日 | 事前に下記の日（土曜・日曜日、 | |
| | | 相談日<br>の前日 | 相談日直前の月曜日 |

| 東区役所<br>企画総務課<br>電話:072-287-8100 | 西区役所<br>企画総務課<br>電話:072-275-1901 | 南区役所<br>総務課<br>電話:072-290-1800 | 北区役所<br>企画総務課<br>電話:072-258-6706 | 美原区役所<br>企画総務課<br>電話:072-363-9311 |
|---|---|---|---|---|
| 水曜・<br>金曜日 | 金曜・<br>火曜日 | 月曜・<br>水曜日 | 木曜・<br>月曜日 | 木曜日 |
| 午後1時から4時（美原区は午後1時から3時） | | | | |
| 、祝休日の場合は直近の執務日）の午前9時から電話予約。先着各6人（美原区は先着4人） | | | | |
| 相談日直前の火曜日 | 相談日直前の木曜日 | 相談日直前の金曜日 | 相談日直前の水曜日 | 相談日直前の月曜日 |
| 予約日以降の2回分を受付 | | | | |

別紙3

## 労働者の解雇や休業補償などに関する相談

労働者の解雇や休業補償に関する相談は、労働局、労働組合などにすることが出来ます。労働局は、強制力はありませんが、あっせん案を出すことが出来ます。

| | |
|---|---|
| 大阪労働局 | 0120-939-009 |
| 携帯IP電話 | 06-7660-0072 |
| 法令違反情報 | 06-6949-6490 |
| 兵庫労働局 | 078-367-0850 |
| 京都労働局 | 075-241-3212 |
| 滋賀労働局 | 077-522-6648 |
| 奈良労働局 | 0742-32-0202 |
| 和歌山労働局 | 073-488-1020 |
| | 073-407-2203 |
| 連合労働相談 | 0120-154-052 |
| 全労連労働相談 | 0120-378-060 |
| 全労協労働相談 | 0120-501-581 |
| | (以上の窓口は平日の日中) |

| | |
|---|---|
| 全国社労士連合会 | 0570-07-4864 |
| | (平日11～14時) |
| なにわユニオン | 06-6476-8215 |
| | (土日祝を除く9～17時) |
| 全国一般ユニオン大阪 | 06-6977-9381 |
| | (平日10～17時) |
| なかまユニオン | 06-6242-8183 |
| | (月～金10から19時、日13～17時) |
| ひょうごユニオン | 078-382-2116 |
| | (平日10～16時) |
| きょうとユニオン | 075-691-6191 |
| | (水13～20時ほか随時) |

近畿地方以外は、問い合わせるかネットで調べてください。

## 付　録６

### 破産事件に関する情報を得る方法

債権者等の利害関係人が、債務者の破産事件に関する情報を得ようとする場合、主に次の５つの方法があります。

### １　官報の閲覧

破産手続の開始の旨及びその日時、債務者の住所・氏名または名称、破産管財人の氏名、財産状況報告集会期日、事件により免責意見申述期間・債権届出期間・債権調査期日、また事件終局時には、事件により廃止決定、終結決定又は免責許可決定及びこれらの日等の事項について官報に掲載します。官報については国立印刷局が取り扱っています。インターネット又は公立図書館で閲覧して下さい。

### ２　法人登記情報の閲覧

債務者が会社その他の法人の場合は、当該法人の登記簿に、破産手続開始の旨及びその日時、裁判所名、破産管財人の氏名及び事務所が、また事件終局後には、破産手続の終結決定、廃止決定確定の旨及びその日が記録されますので、この情報を閲覧する方法もあります。法人登記については当該法人の主たる営業所または事務所の所在地を管轄する法務局が取り扱っています。

### ３　破産事件記録の閲覧等

閲覧謄写等が出来る利害関係人というのは、破産手続によっ

て直接影響を受ける人で、破産債権者のほか、財団債権者、別除権者、取戻権者、保全管理人、破産管財人などです。破産者に対して債務を負担する者、株主その他単に事実上または経済上の利益に影響を受けるに過ぎない人は、利害関係人として扱われません。

また、閲覧謄写等の対象となるのは、破産法等の規定に基づき裁判所に提出された文書等及び裁判所が作成した文書等で、通常、破産事件記録に綴られているものです。

破産手続の密行性から、債権者は、破産手続開始決定や保全処分命令等の裁判がされてからでなければ閲覧謄写等が出来ません。当該記録の保存または裁判所の執務に支障がある場合は、閲覧謄写等は出来ません。裁判所による閲覧等制限決定がある部分又その申立について審理中の部分についても閲覧謄写等は出来ません。

閲覧謄写申請のために必要な物としては、各裁判所の窓口に備え付けの民事事件記録等閲覧・謄写票、利害関係があることを証する書類、委任状、法人代表者の資格証明書、本人確認のための書類、印鑑、収入印紙、付箋等です。

## 4　電話による照会

電話照会が出来るのは債権者等の利害関係人に限られます。信用情報に関する照会には応じていません。債権者が、裁判所に電話照会するときは①当該破産事件の事件番号、②破産者の氏名または名称、③照会者の名称・担当者名と当該事件の債権者である旨を伝えること。

## 5　債権者集会への出席

集会は非公開です。集会日時、場所等は、官報に掲載される以外に知れたる債権者には裁判所から個別に通知します。

会場設備の関係で債権者の出席は各社１名です。委任状や資格証明書が必要なことがあります。集会室では、スマートフォンの使用は出来ないし、許可のない録音撮影は禁止です。

債権者集会の結果について裁判所に照会されても電話では答えられません。破産管財人に問い合わせるか、前記３の通り当該事件記録の閲覧等の手続をとって下さい。

# 付録

# あとがき

最初の新型コロナウイルス関連の倒産が報告された令和二年二月上旬以降も廃業や倒産手続をとる事業者の数は、各種助成の効果もあって緩やかかな増加傾向を保っていました。しかし、令和四年二月ロシアによるウクライナ侵攻が勃発すると原油や小麦が高騰し、そこにアメリカFRB（連邦準備制度理事会）による金利引き上げを受けて円安が進行し、景気が一層低迷しました。折しもコロナ支援の貸付の返済時期が近づき倒産が脳裏をかすめる現状に関係者の苦境は察するに余りあります。

コロナ関連倒産対応の倒産手続の解説書の少ない今いち早く情報提供を行い役立てていただきたいとの思いから、未熟な故不満足な部分が多い本書をあえて世に送るため筆を擱くことといたします。

令和五年（二〇二三年）長月

著者記す

# 著　者　略　歴

高井昌一郎（たかい しょういちろう）

１９５２年　１月　徳島市に生まれる。

１９７０年　３月　奈良女子大学文学部附属高校卒業

１９７５年　３月　早稲田大学法学部卒業。

１９７６年１０月　法職課程在籍中に裁判所職員上級試験に合格。

１９７７年　１月　採用後は豊中簡易裁判所督促係を振り出しに大阪・奈良の裁判所で事務官、書記官として勤務。

２０１７年　３月　大阪地方裁判所第６民事部同時廃止係を最後に退職。

現在　再生実務教育学会（ＳＫＧ）代表

共同執筆に「新基本法コンメンタール　破産法」（日本評論社２０１４年）などがある。

〒６３９－１０５５

住　所　奈良県大和郡山市矢田山町６５番地４

# 元書記官が説く再生への道　個人破産の実務

発行日　　2023年10月18日

著　者　　髙井 昌一郎

発行者　　吉 村　 始

発行所　　**金壽堂出版有限会社**


〒639-2101　奈良県葛城市疋田379
電話：0745-69-7590　FAX：0745-69-7590
メール（代表）：info@kinjudo.co.jp
ホームページ：https://www.kinjudo.co.jp


印　刷　　有限会社 金井平版印刷

製　本　　有限会社 酒本製本所



ISBN 978-4-903762-33-3 C0032